JUEGOS DE MISTERIO
PARA ADULTOS

Laberintos Fantasticos

ActivityCrusades

Publicado por Speedy Publishing Canada Limited

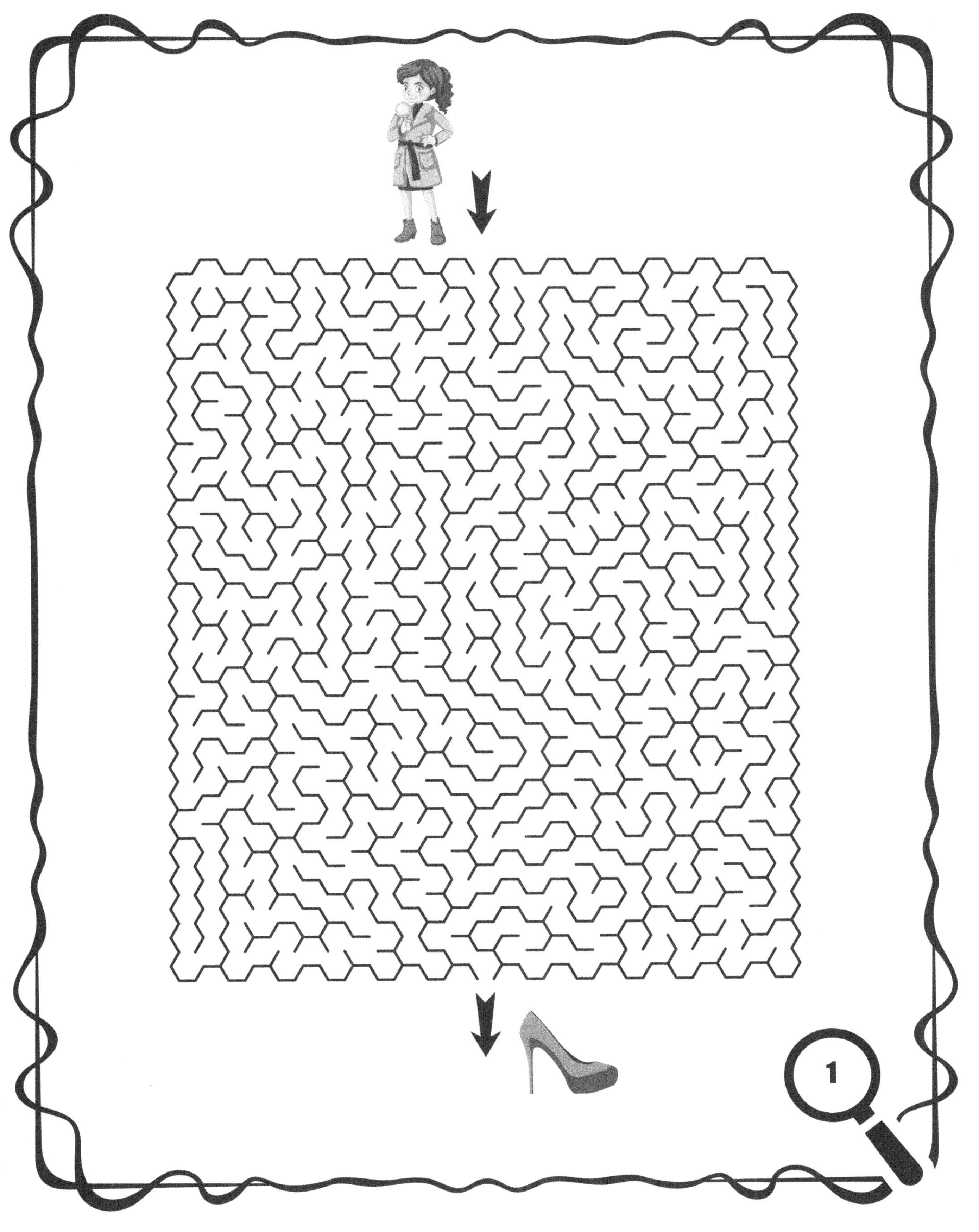

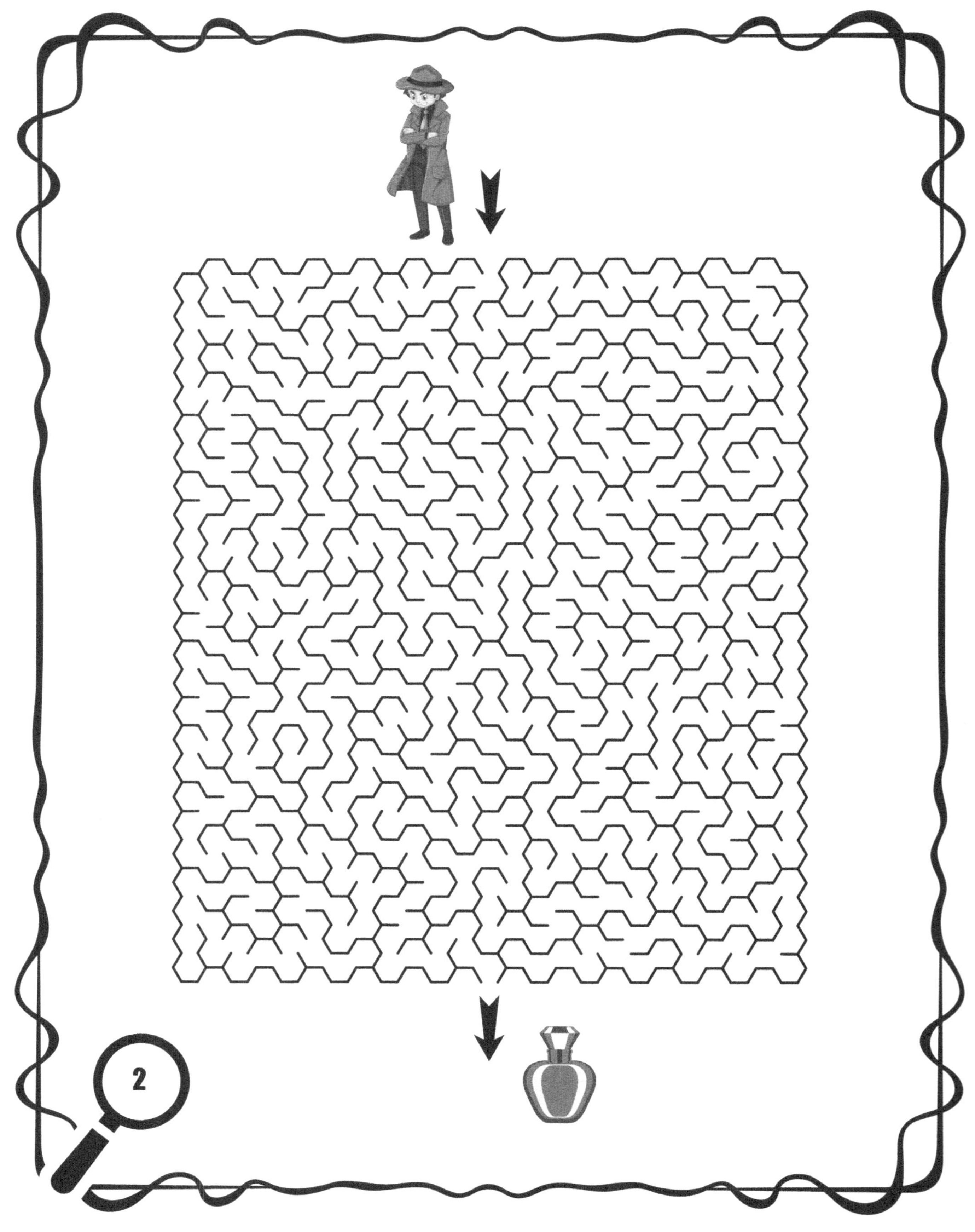

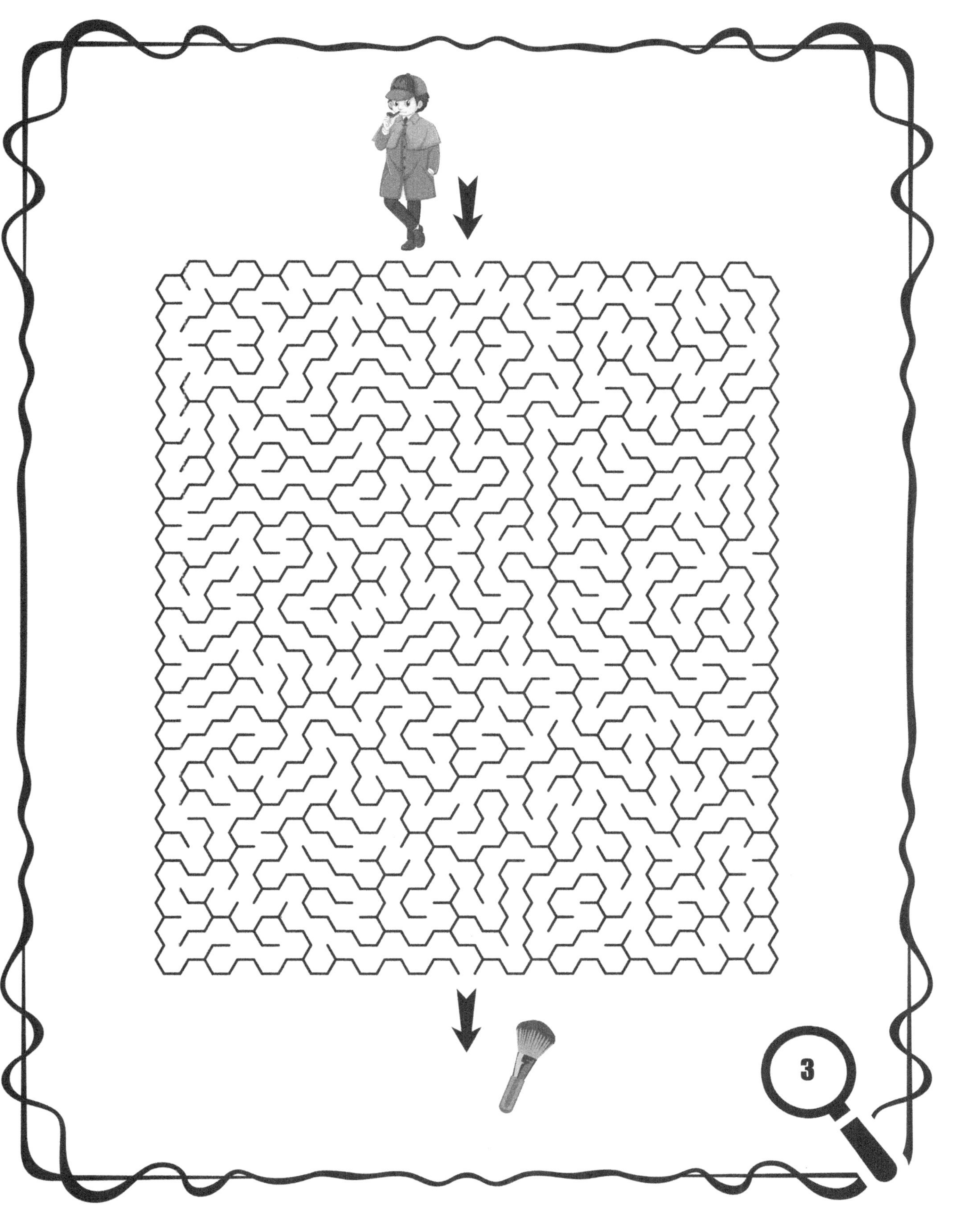

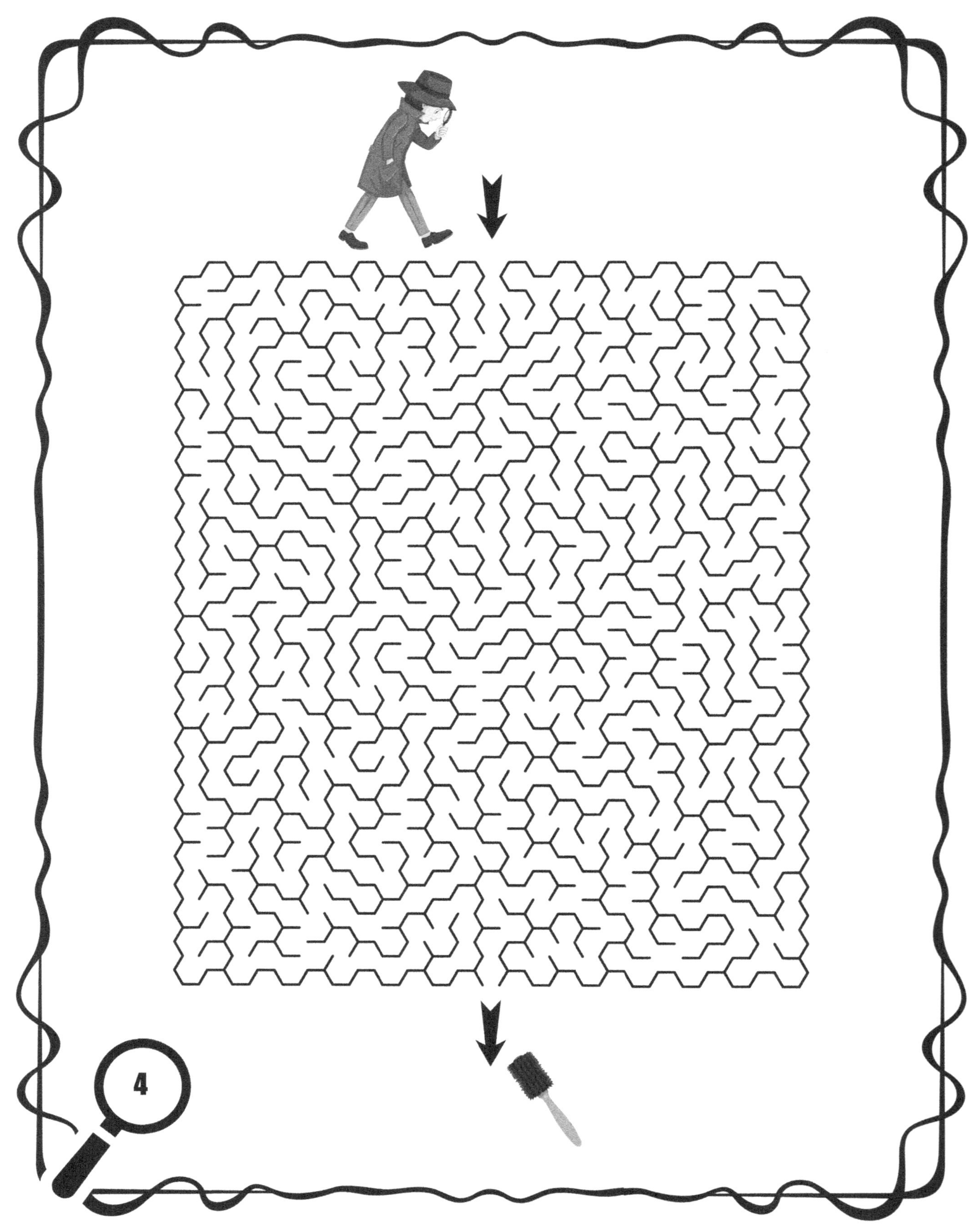

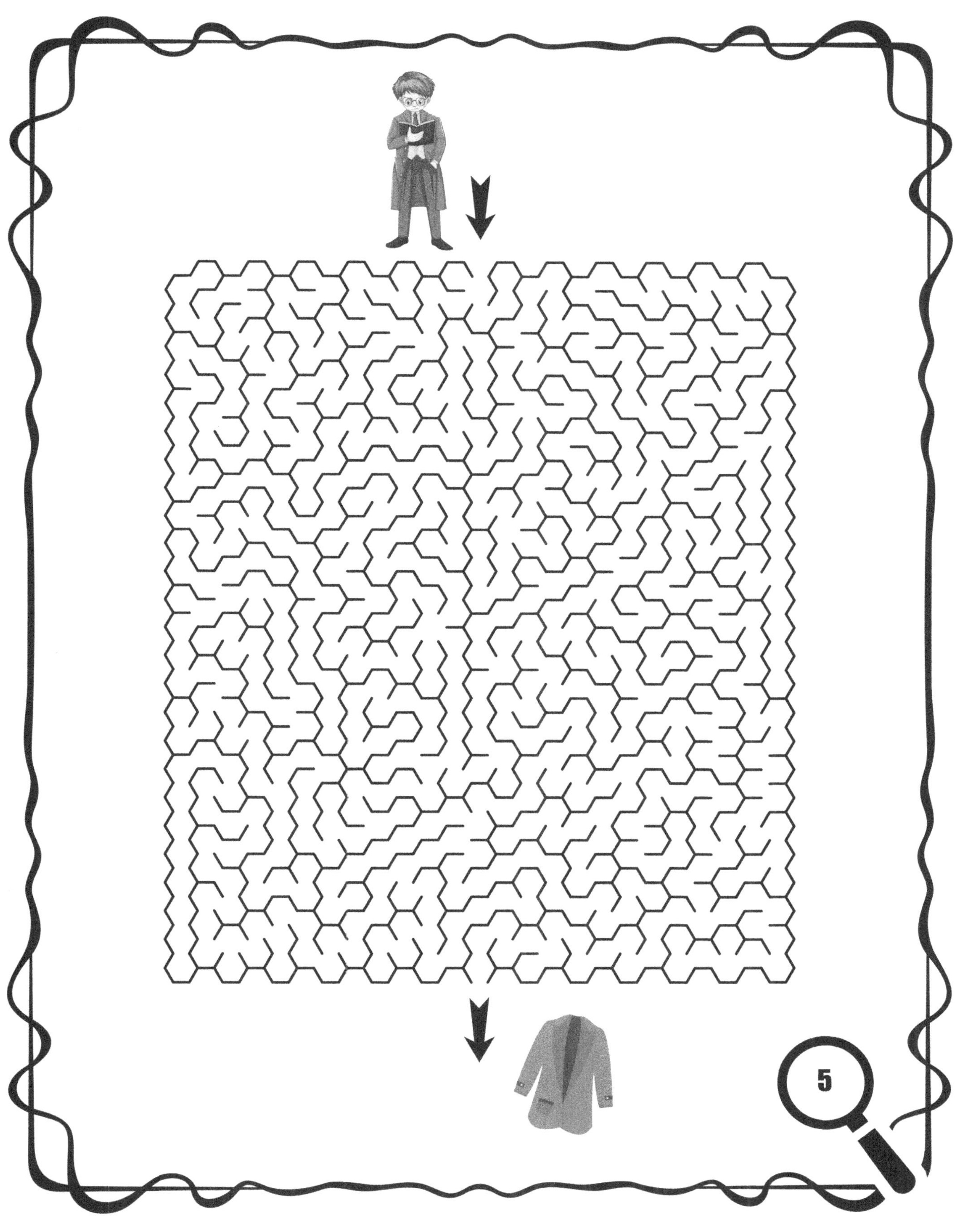

5

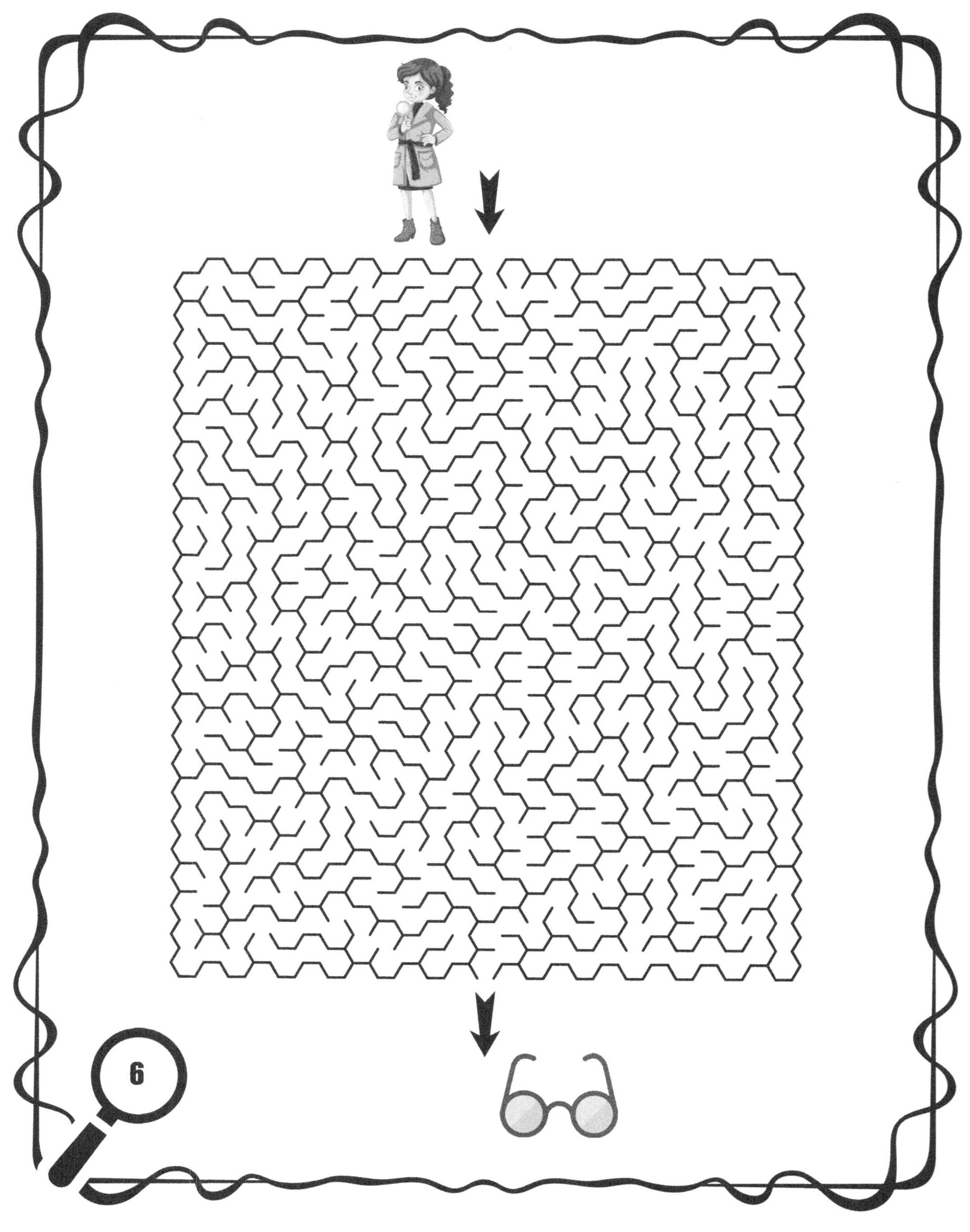

6

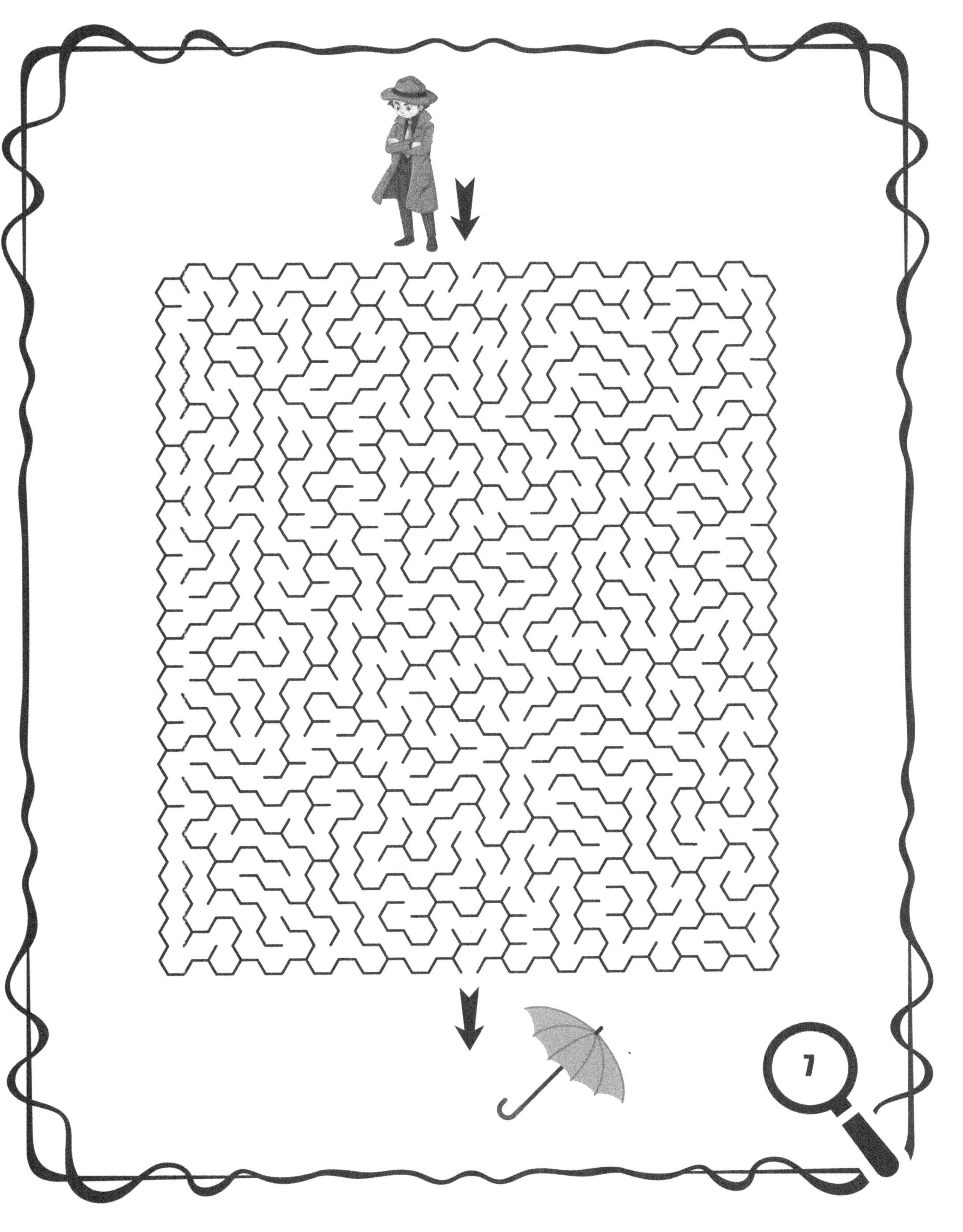

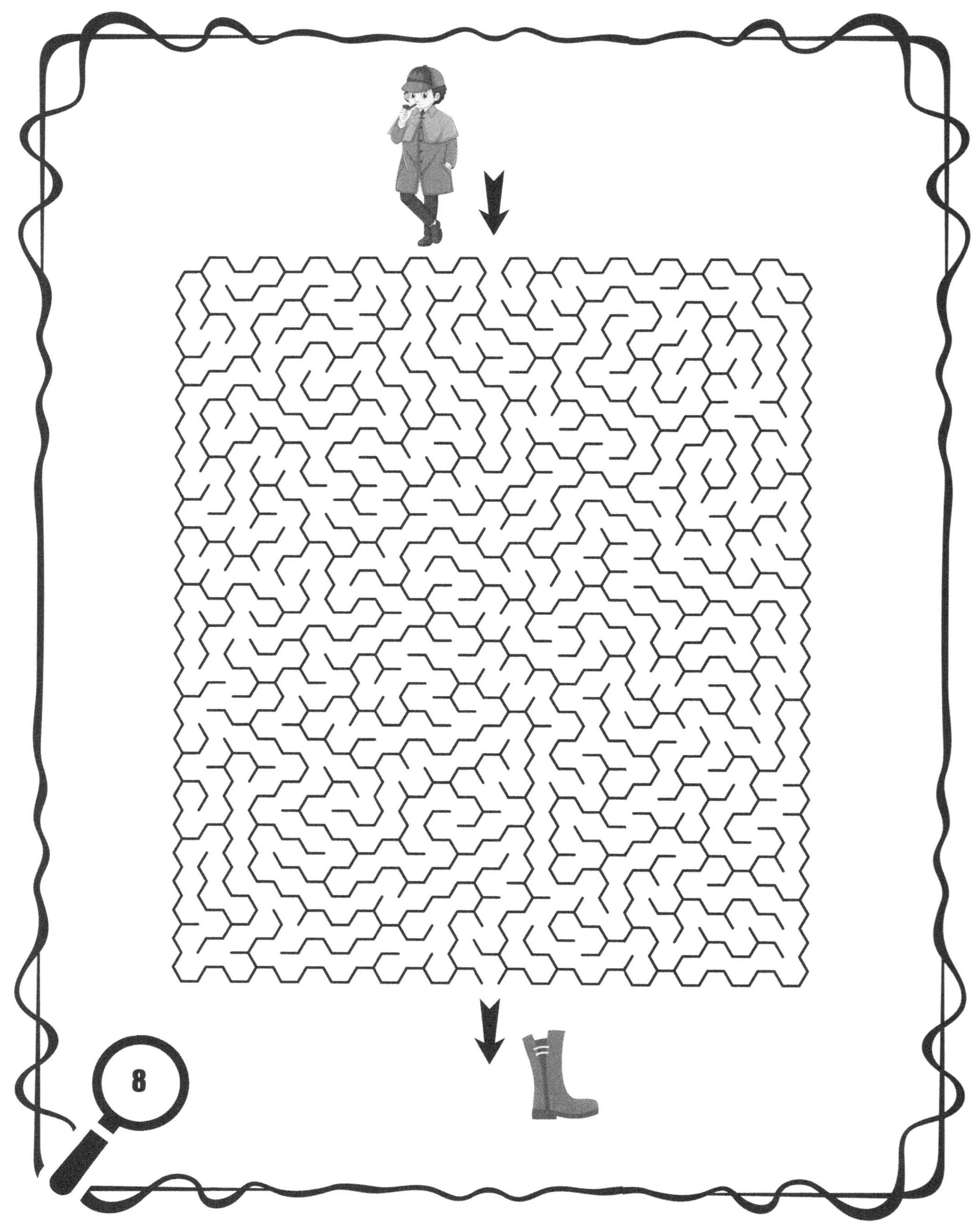
8

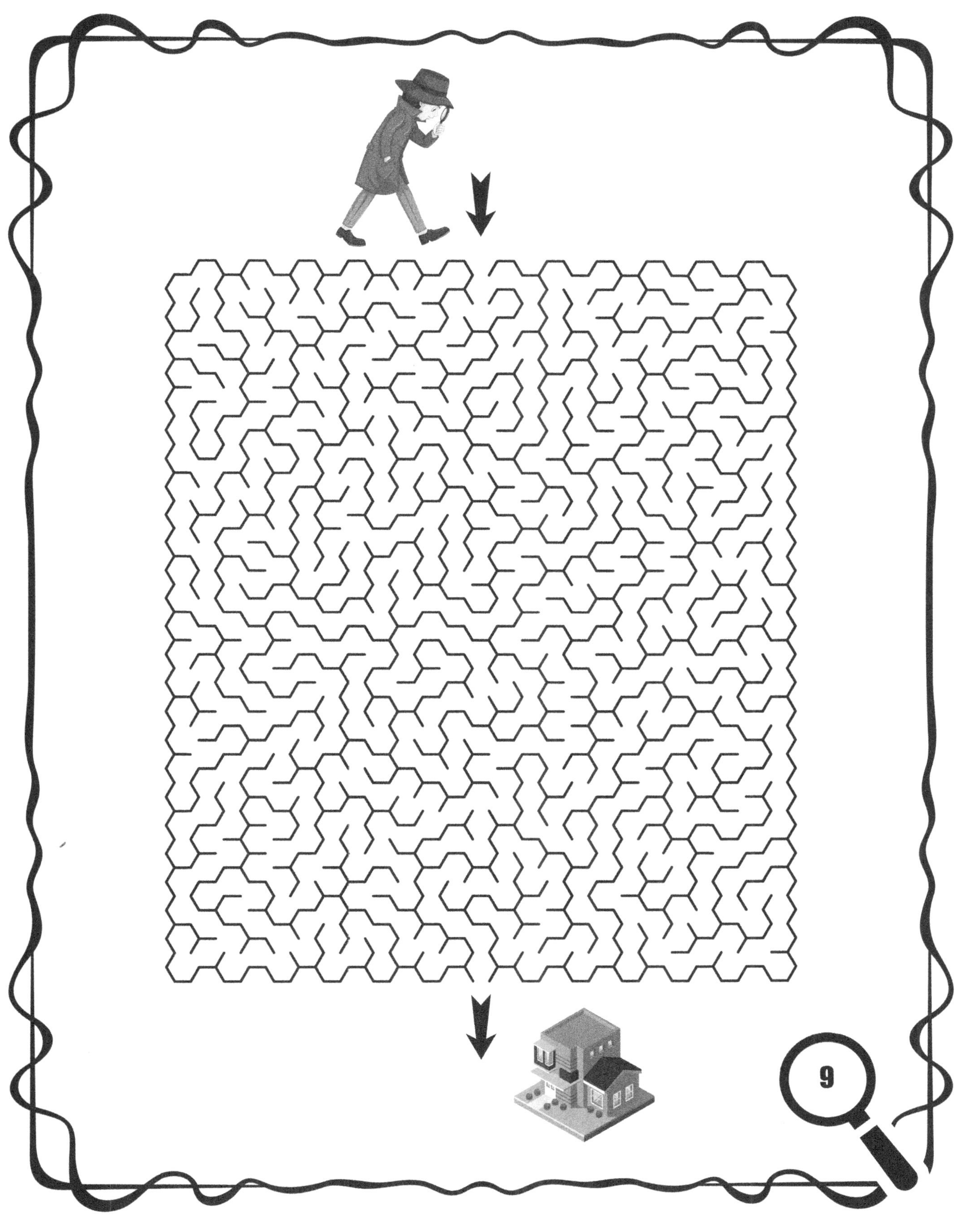

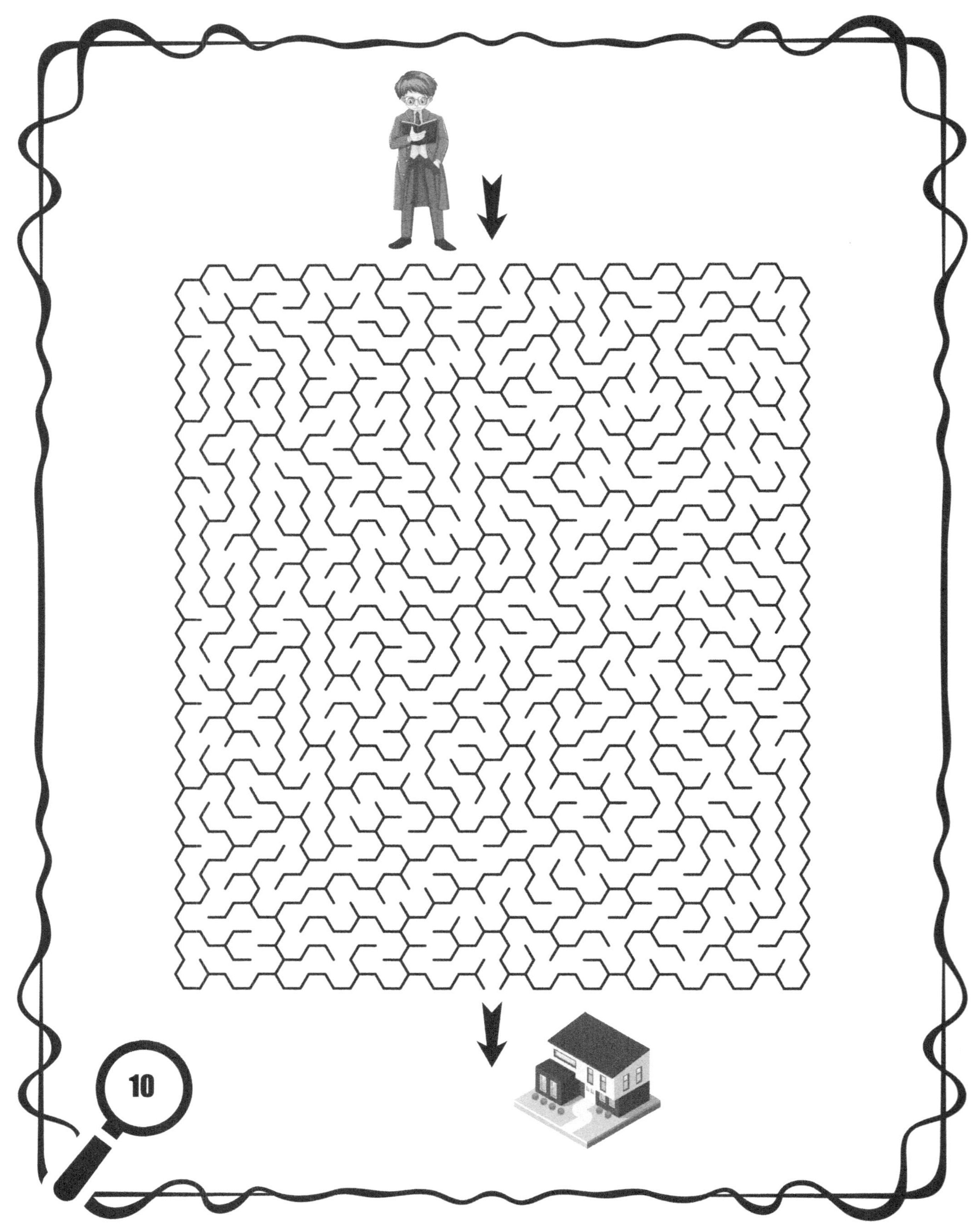

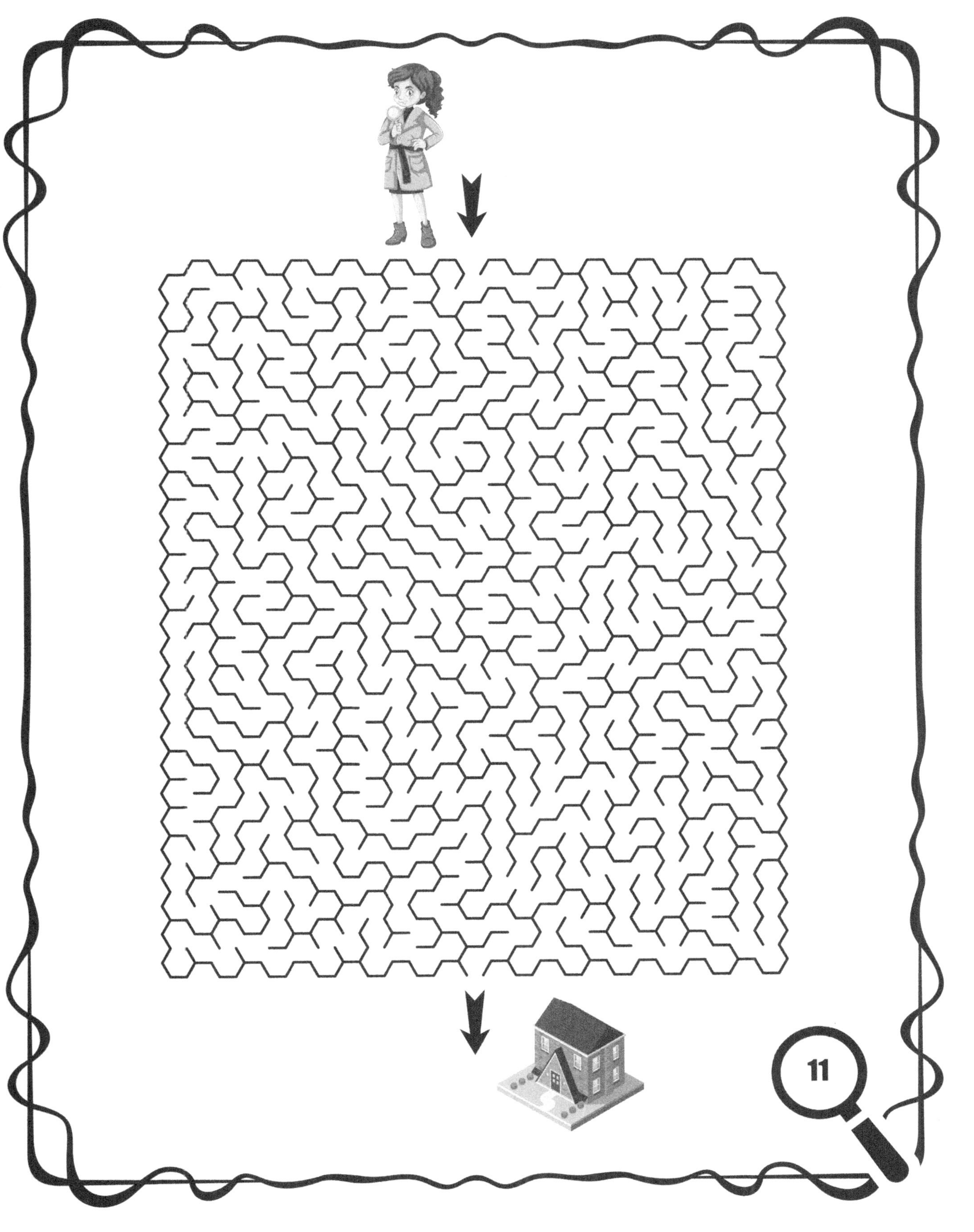

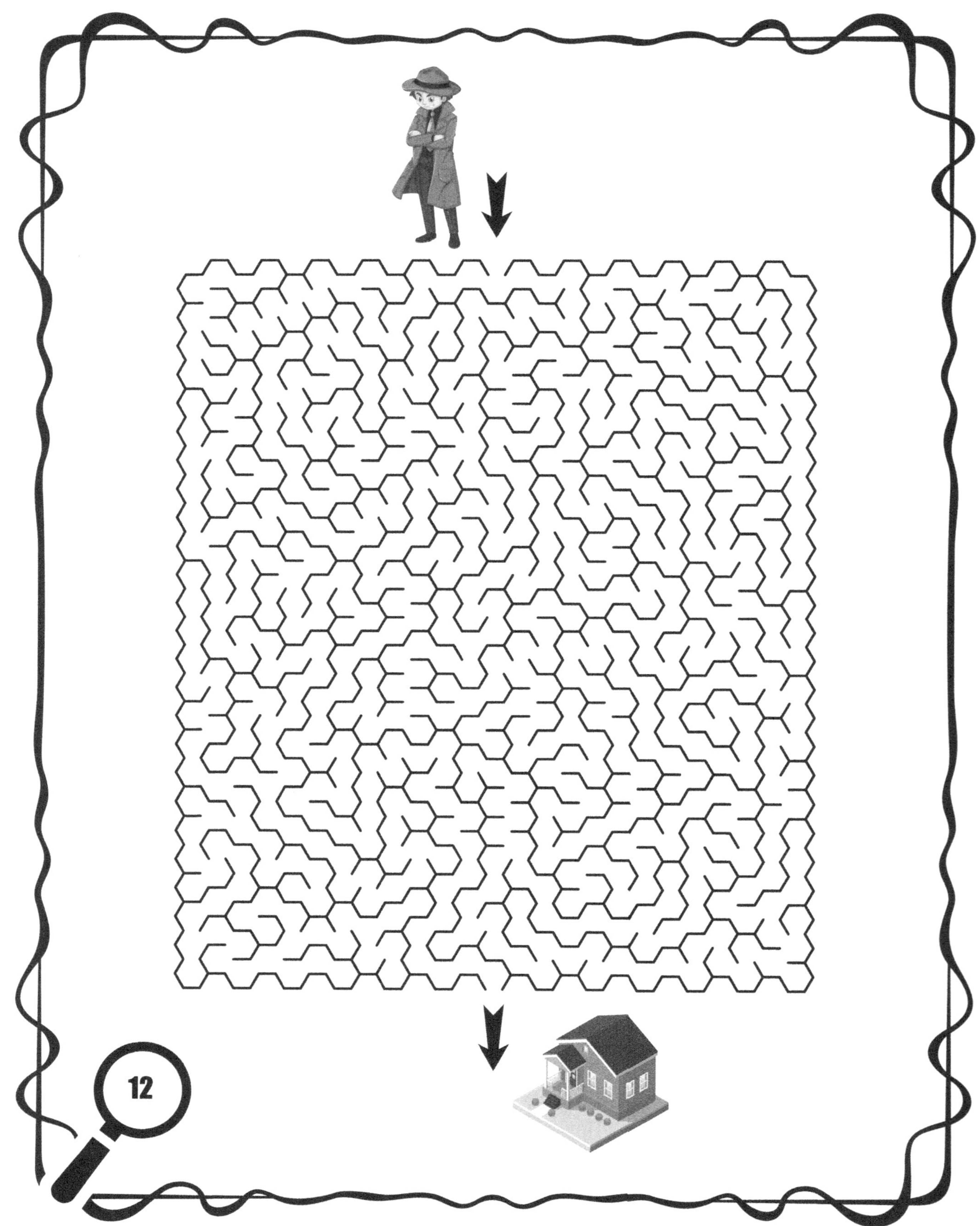

12

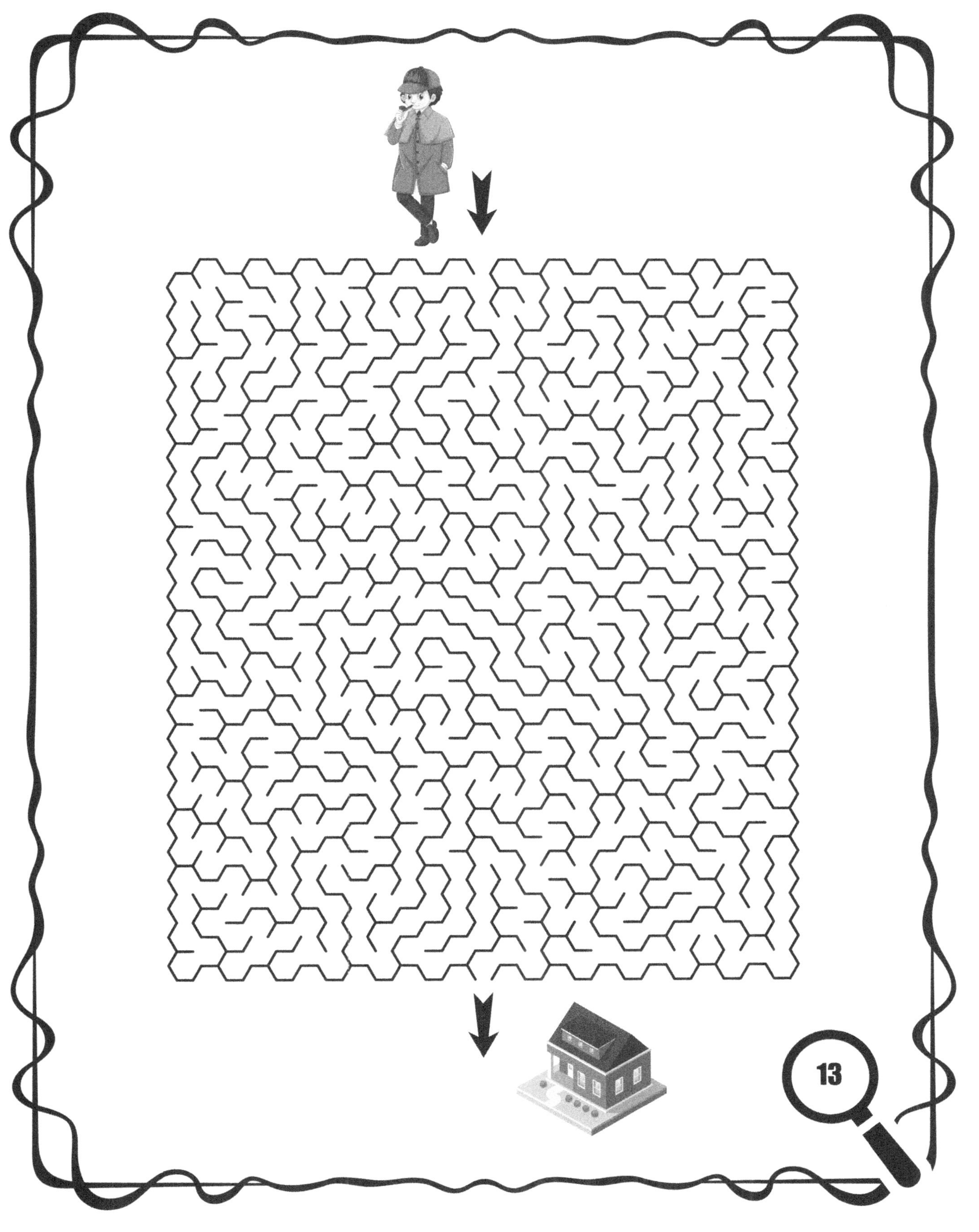

13

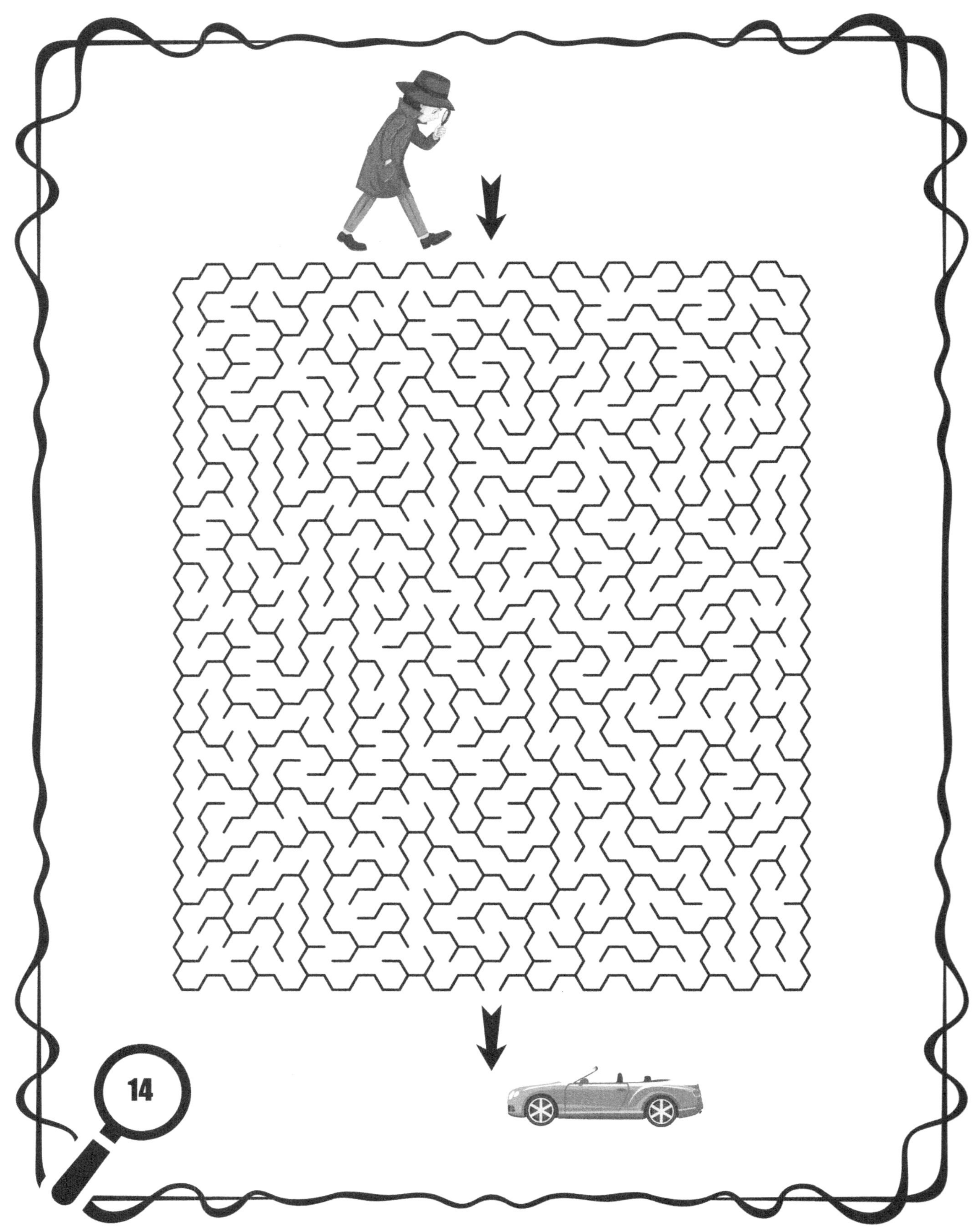

14

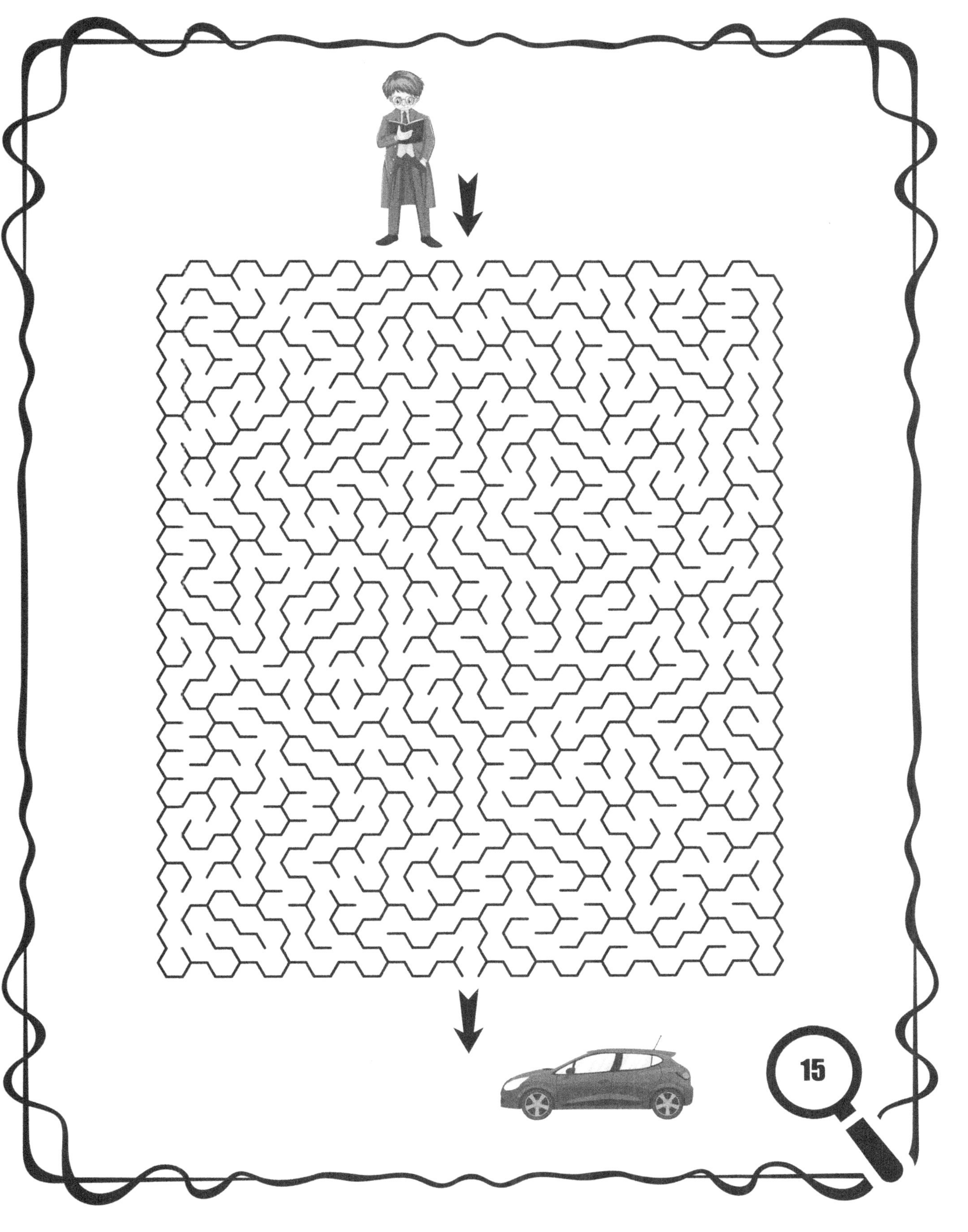

15

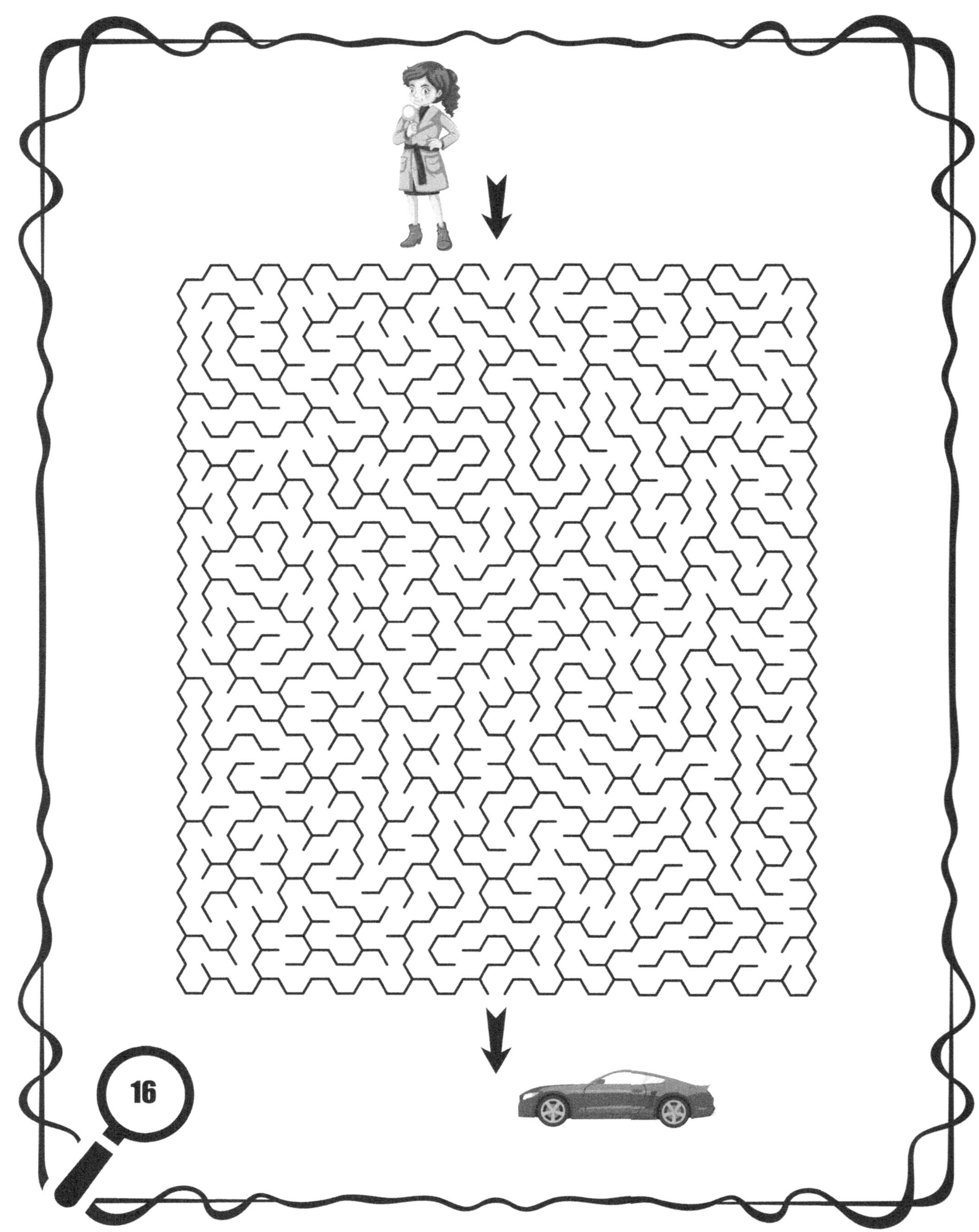

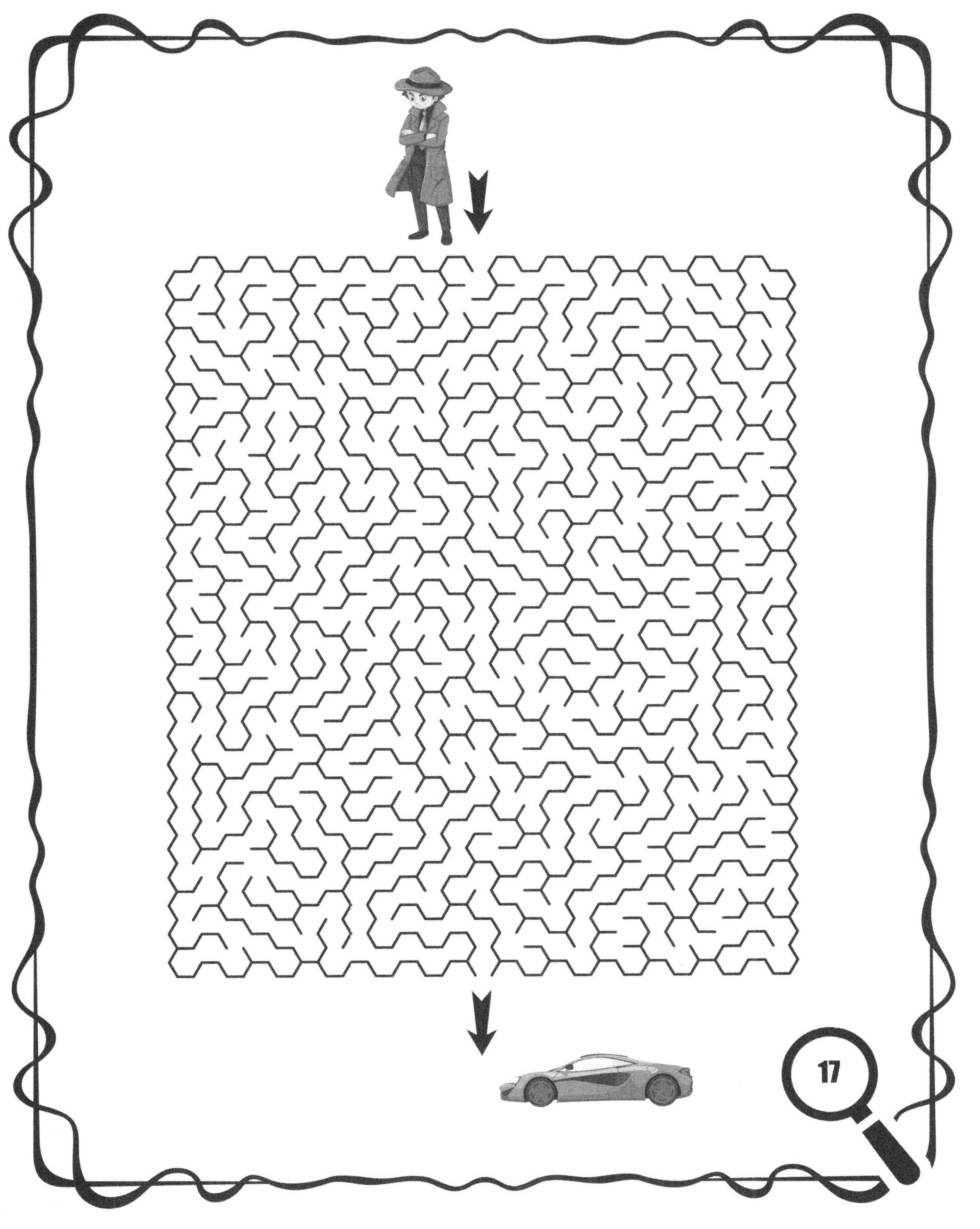
17

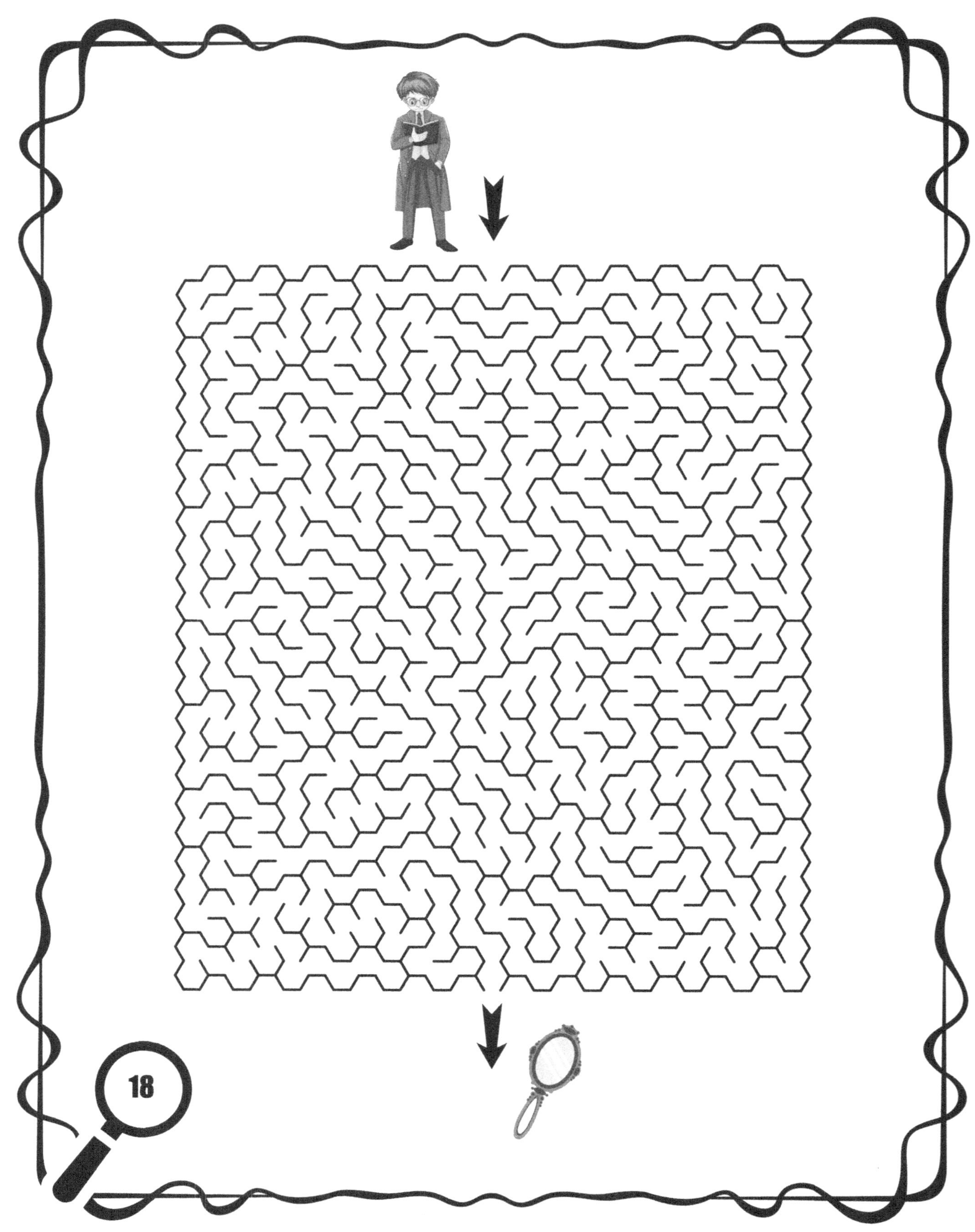

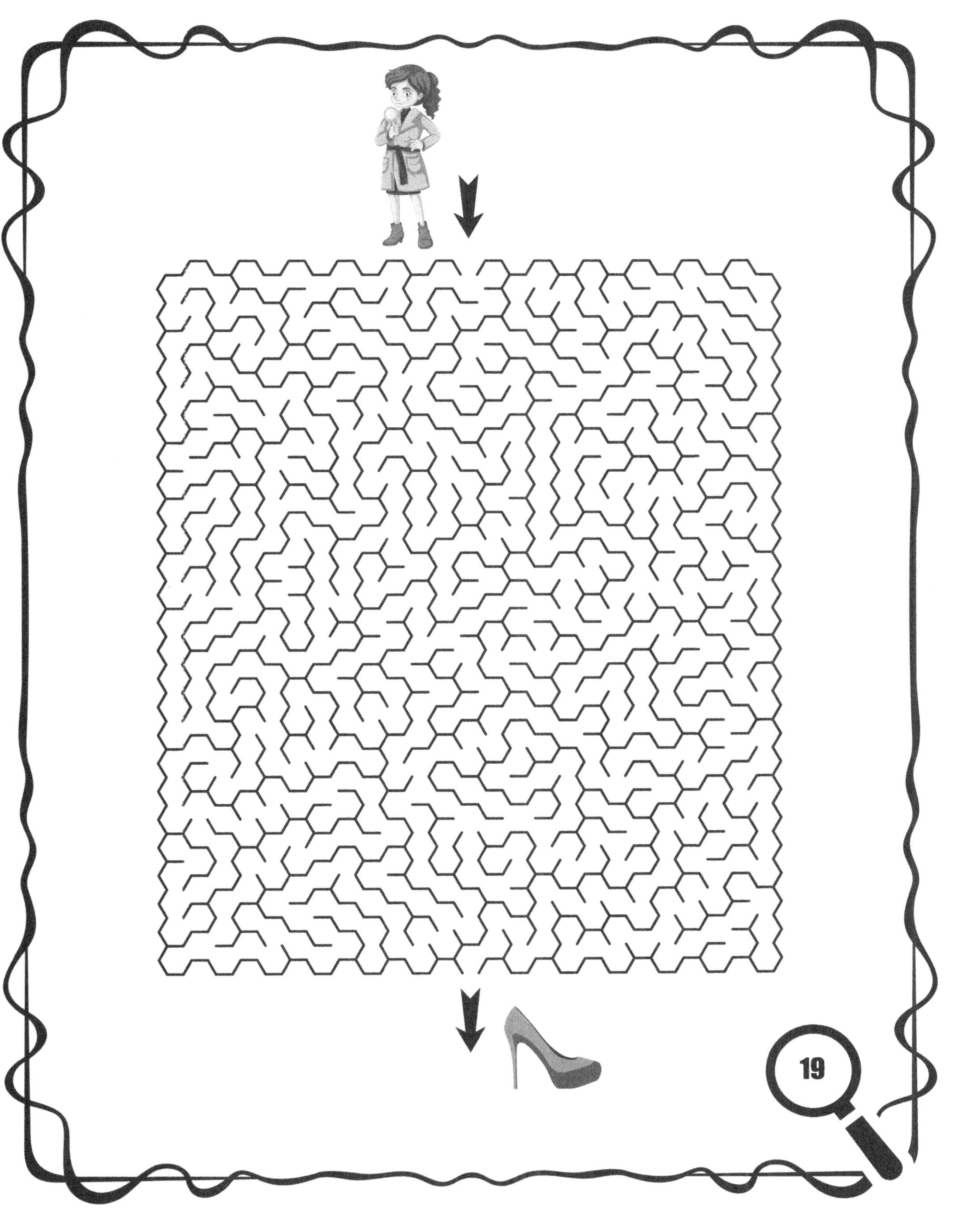
19

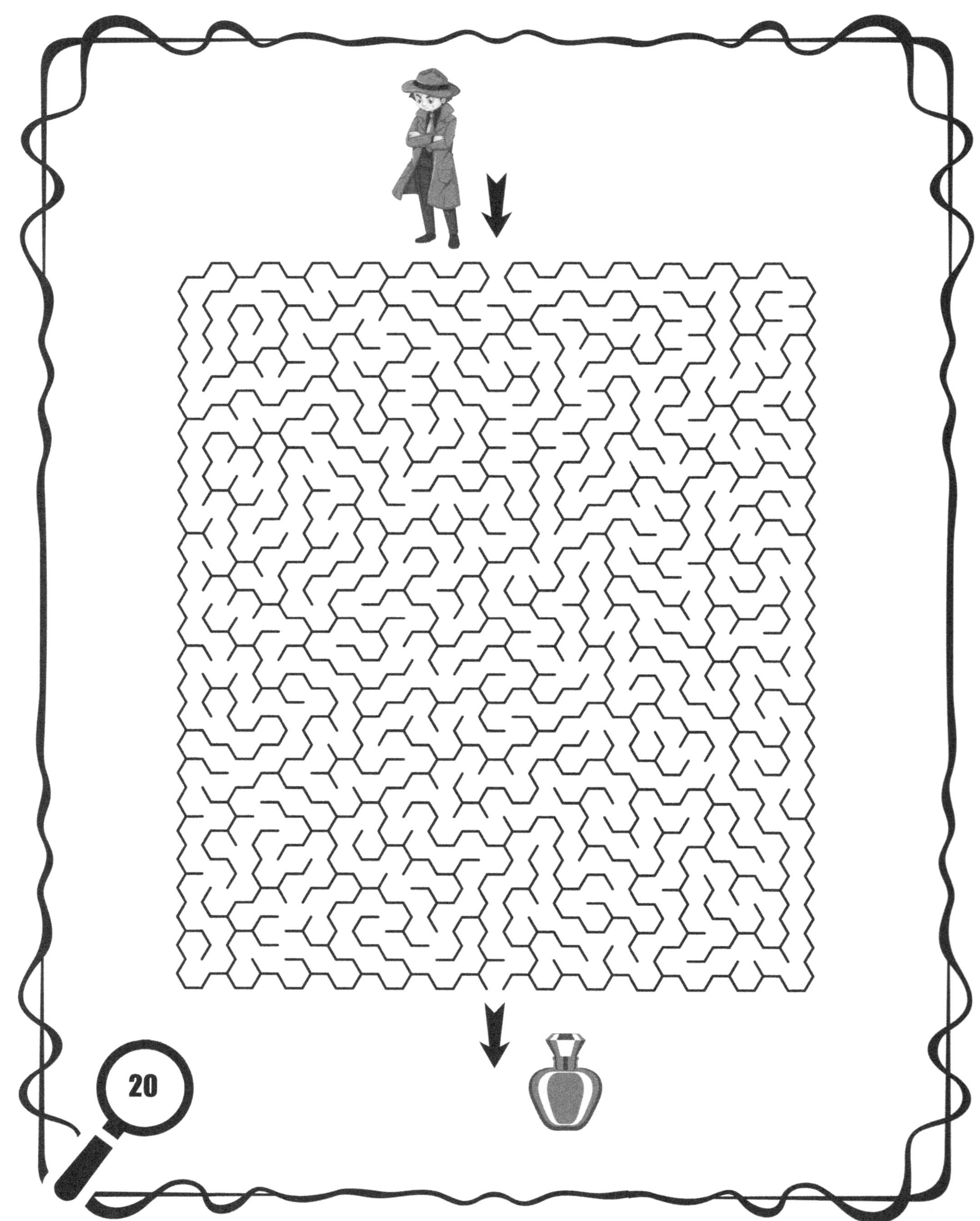

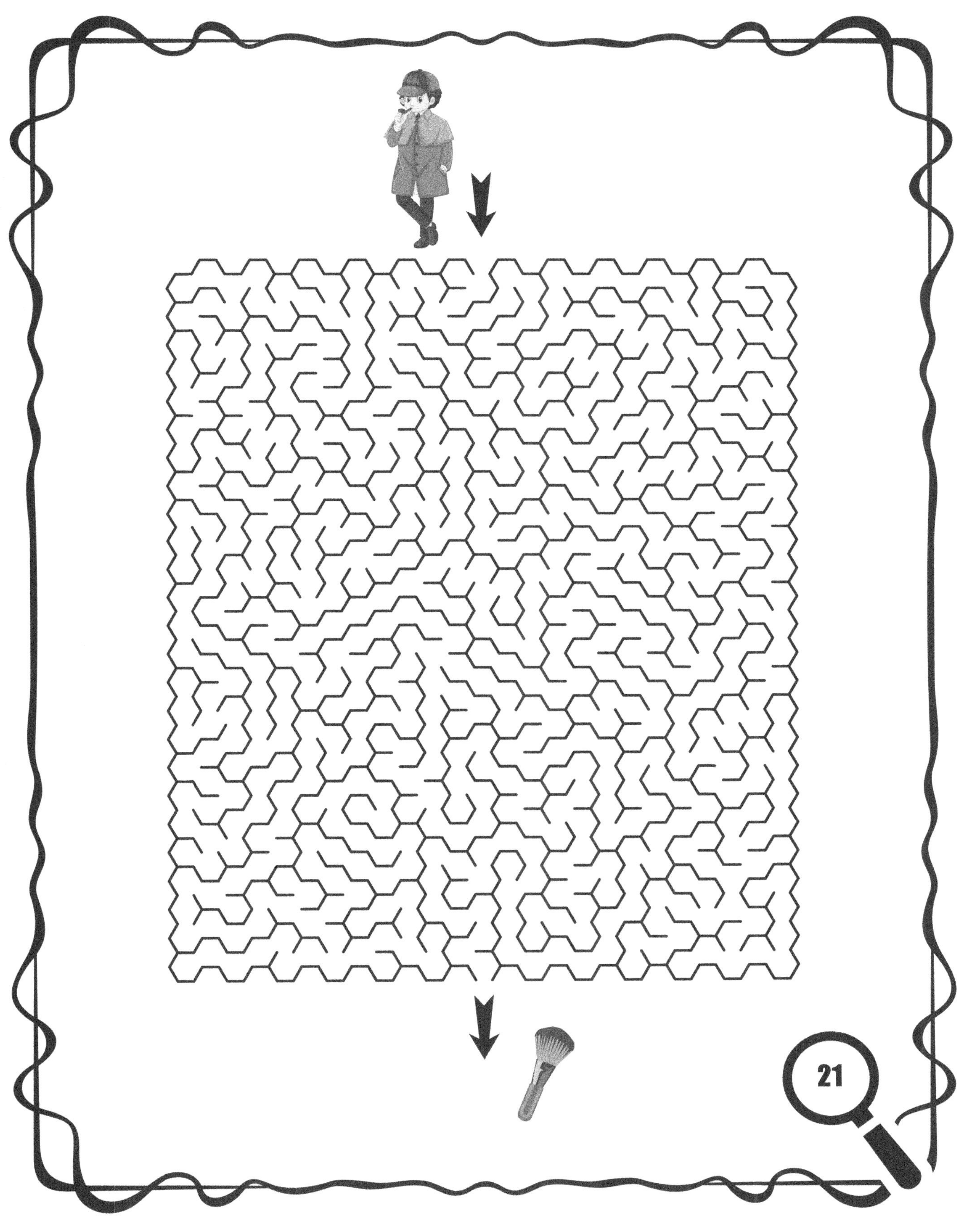

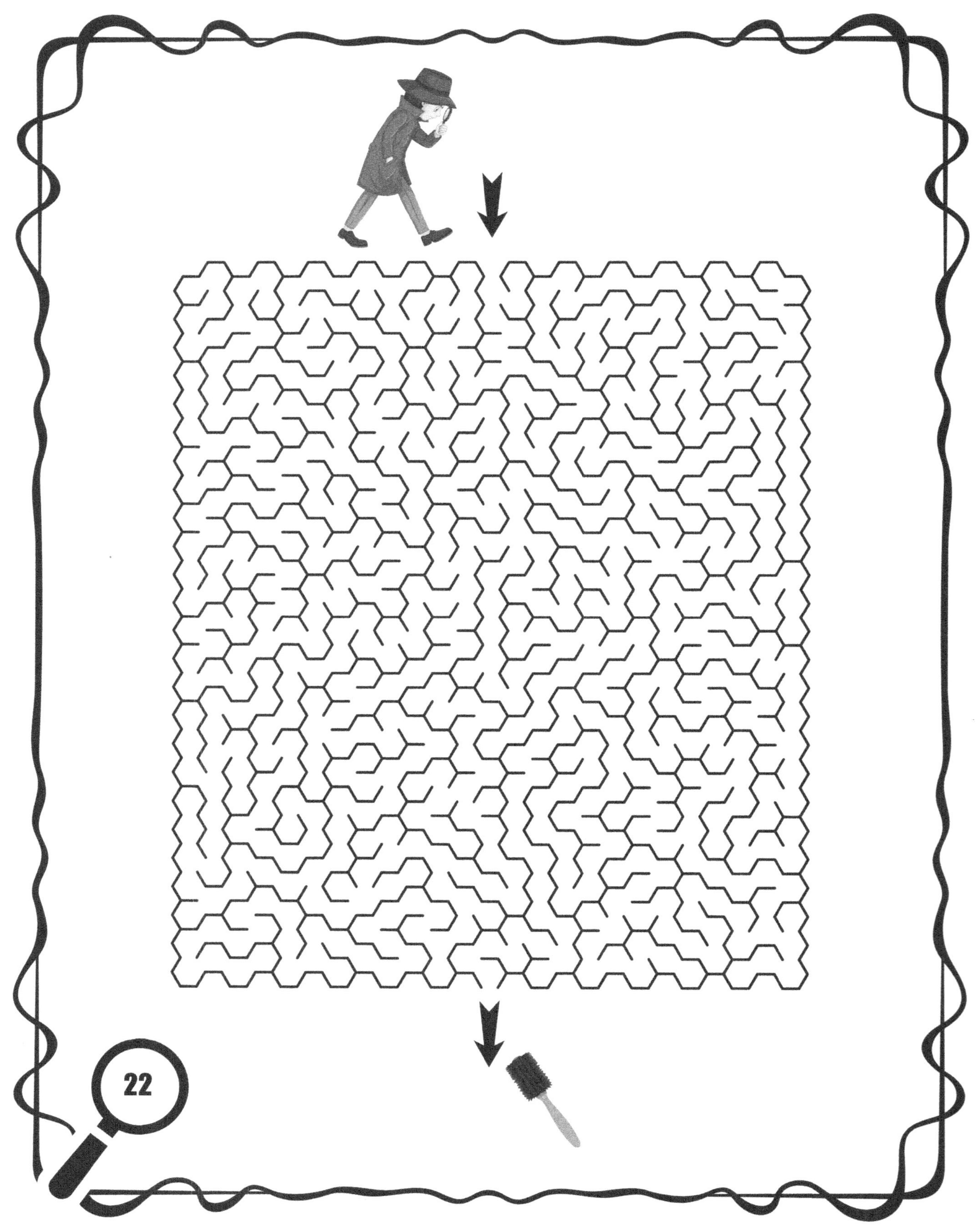

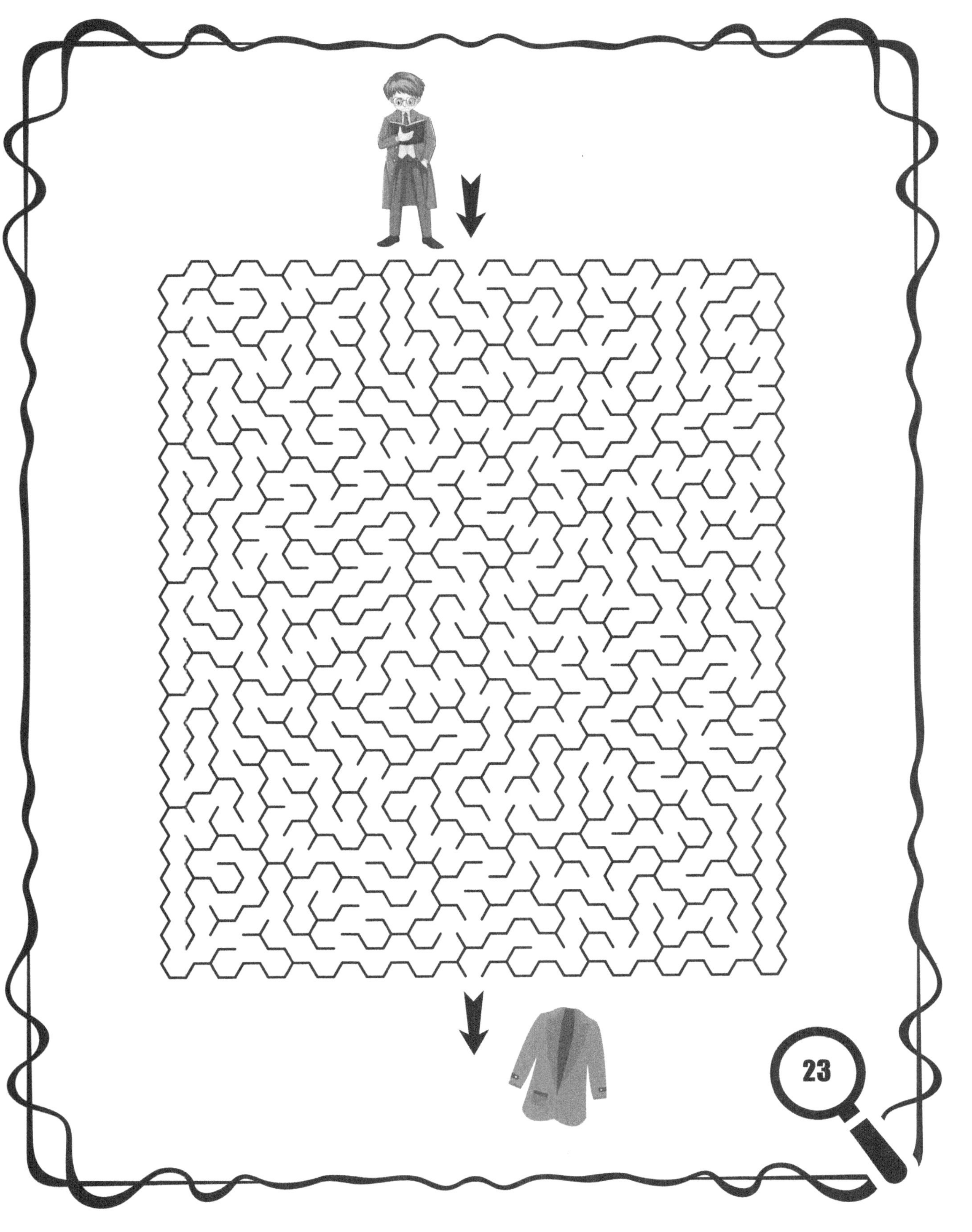

23

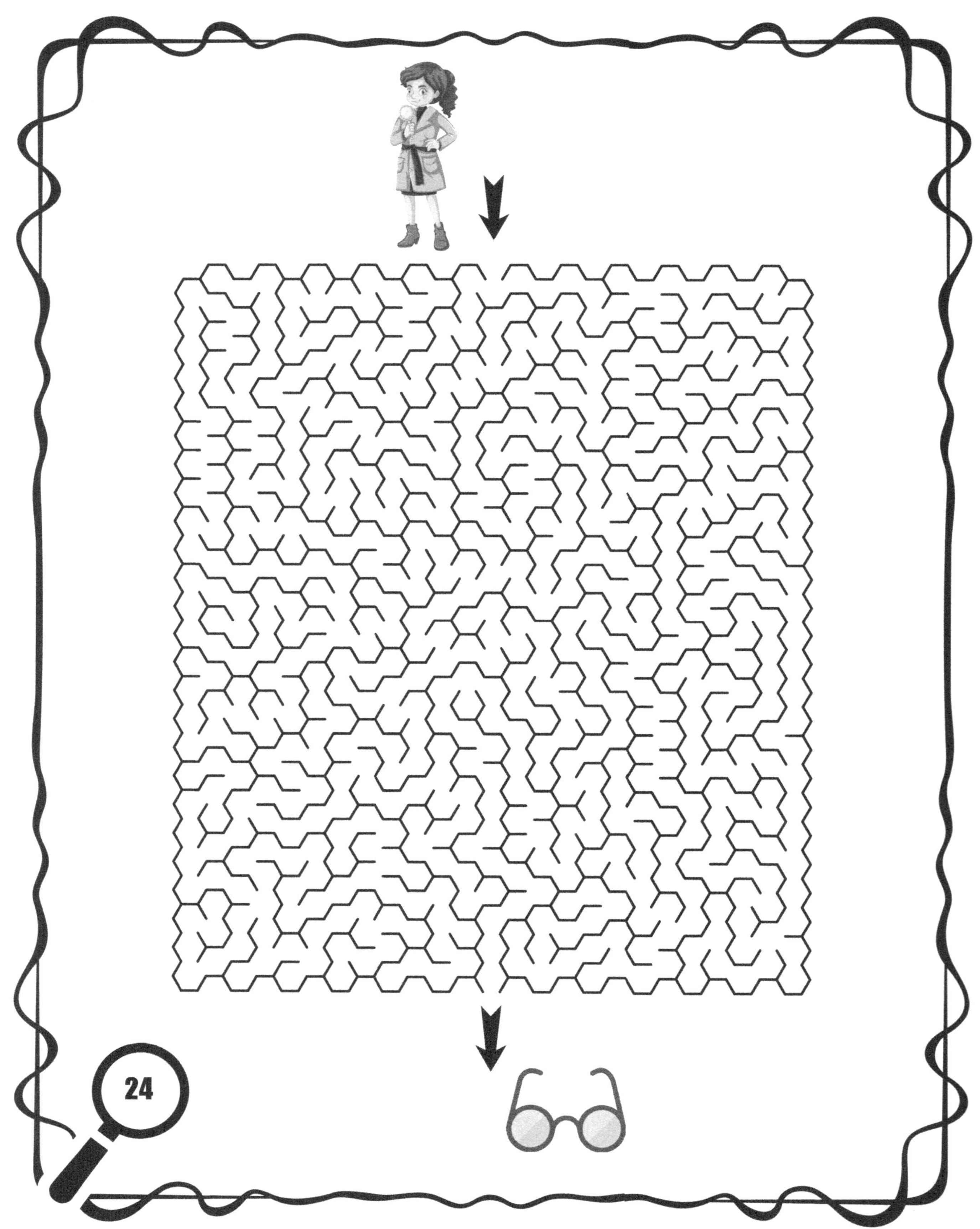

24

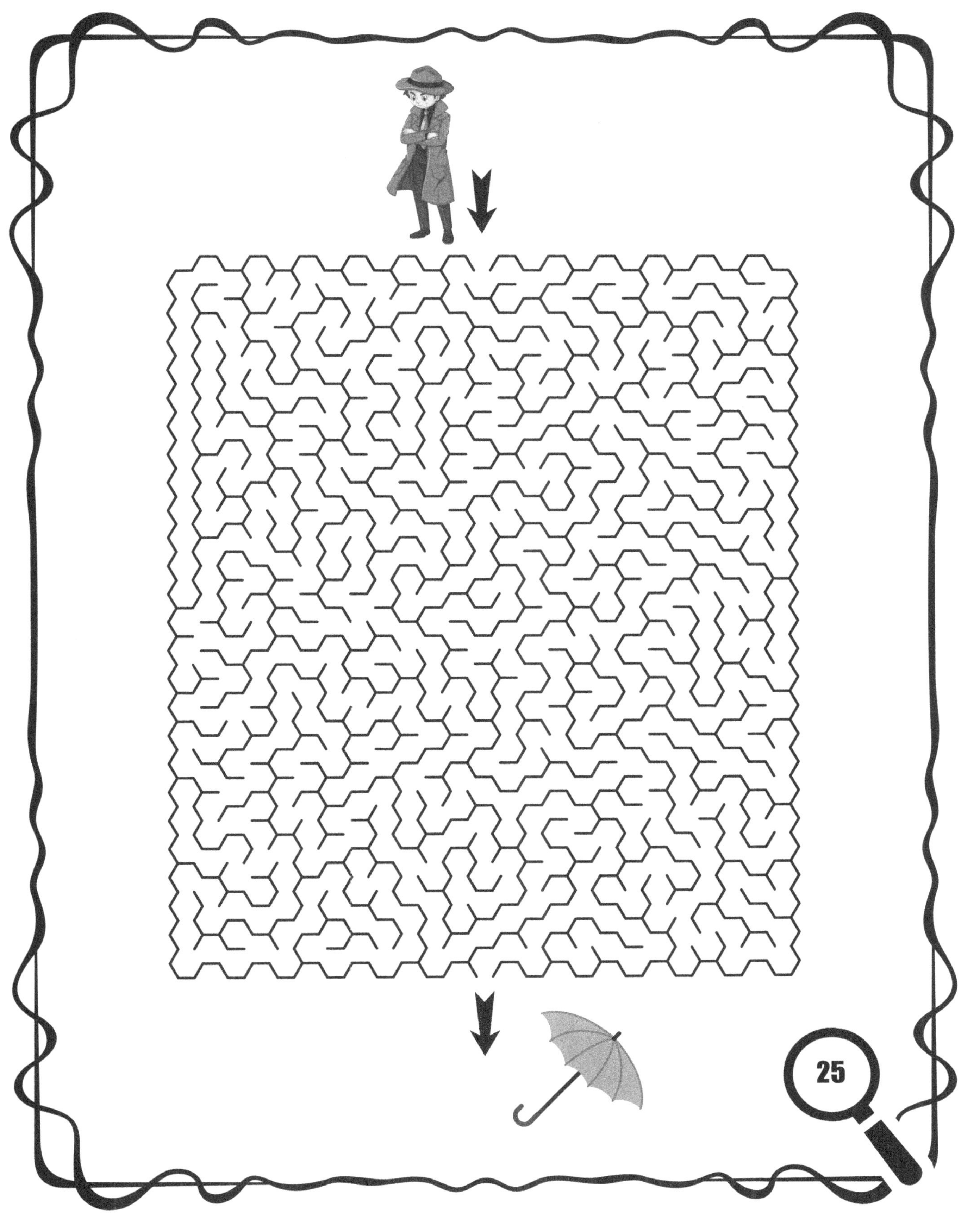

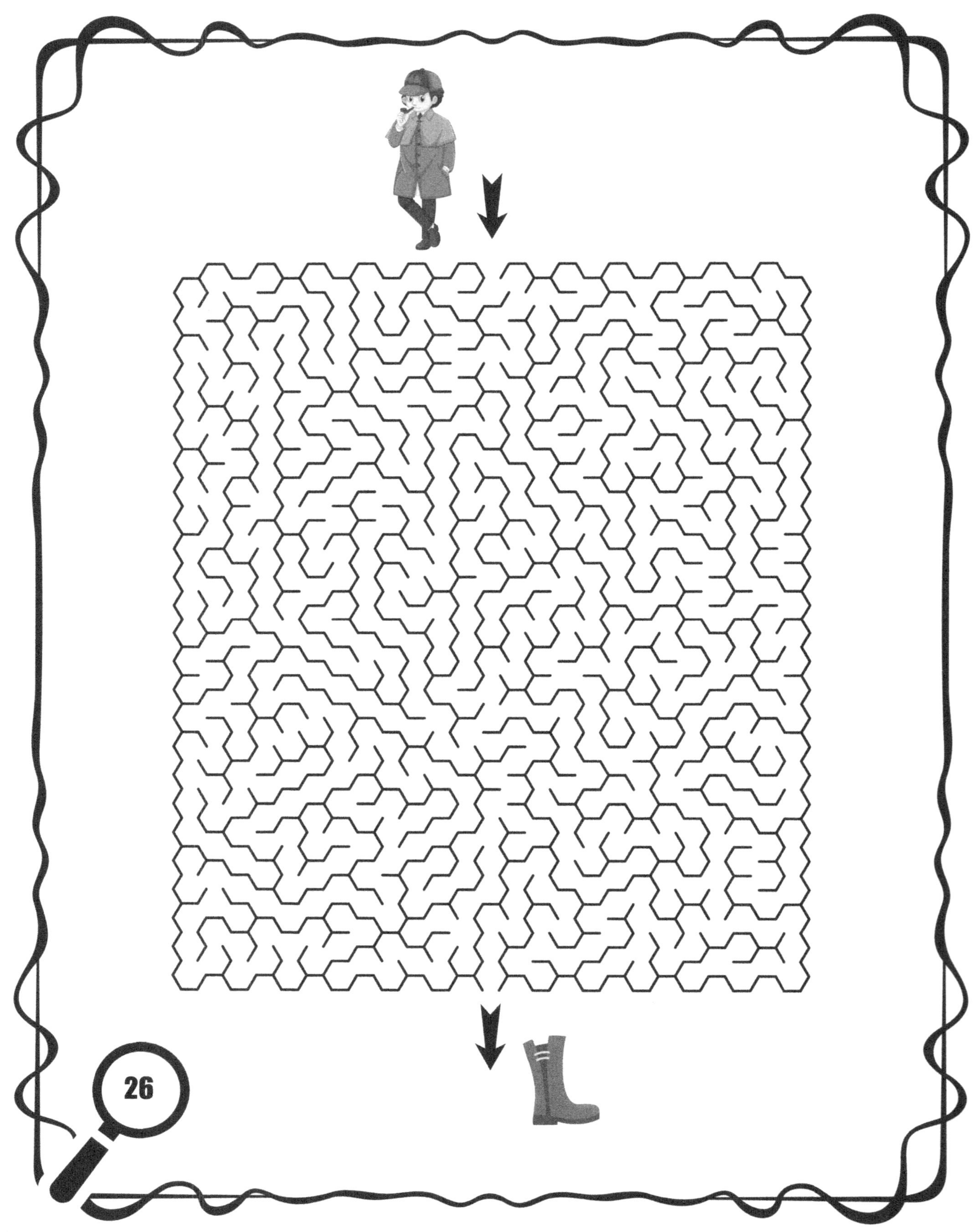

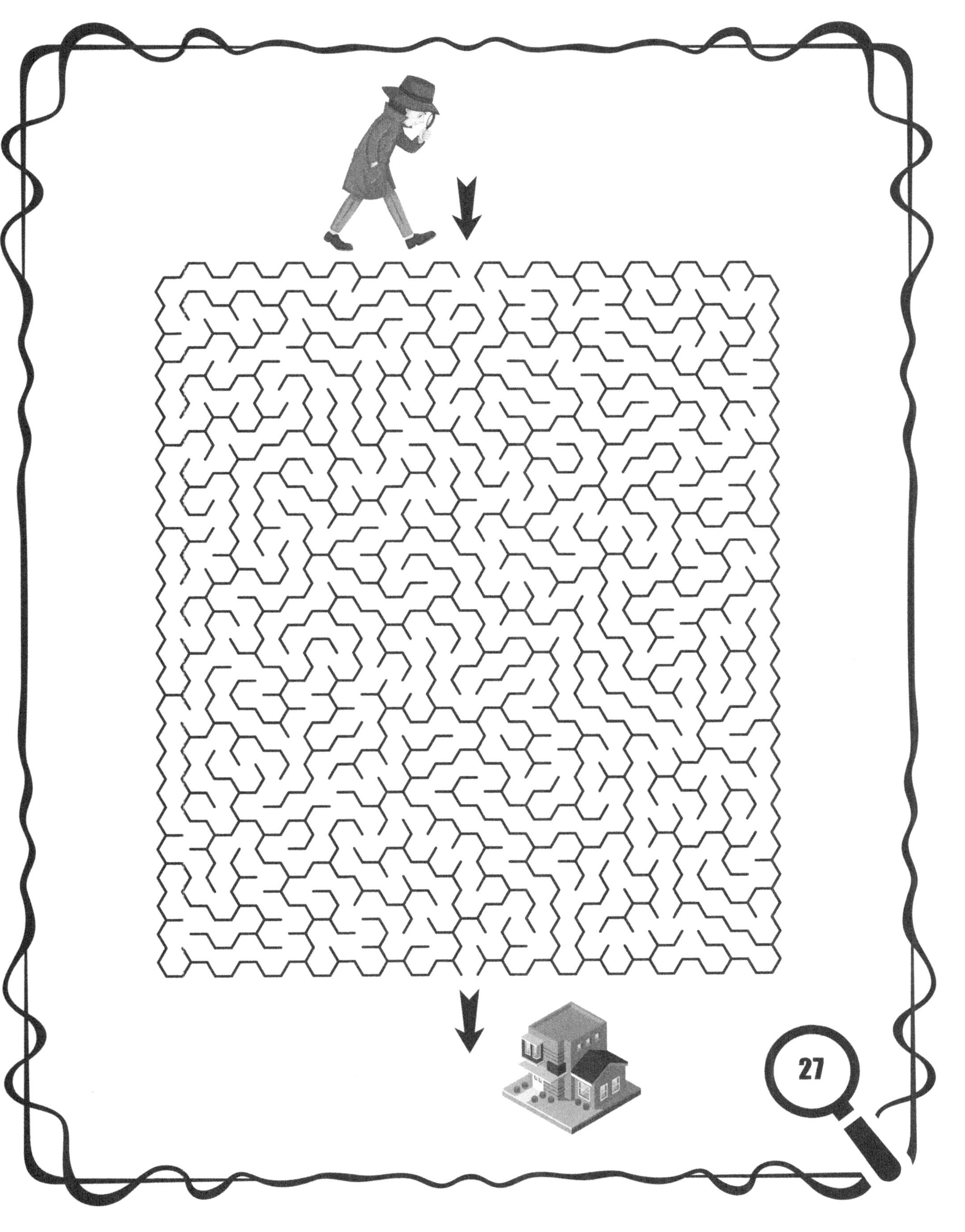

28

29

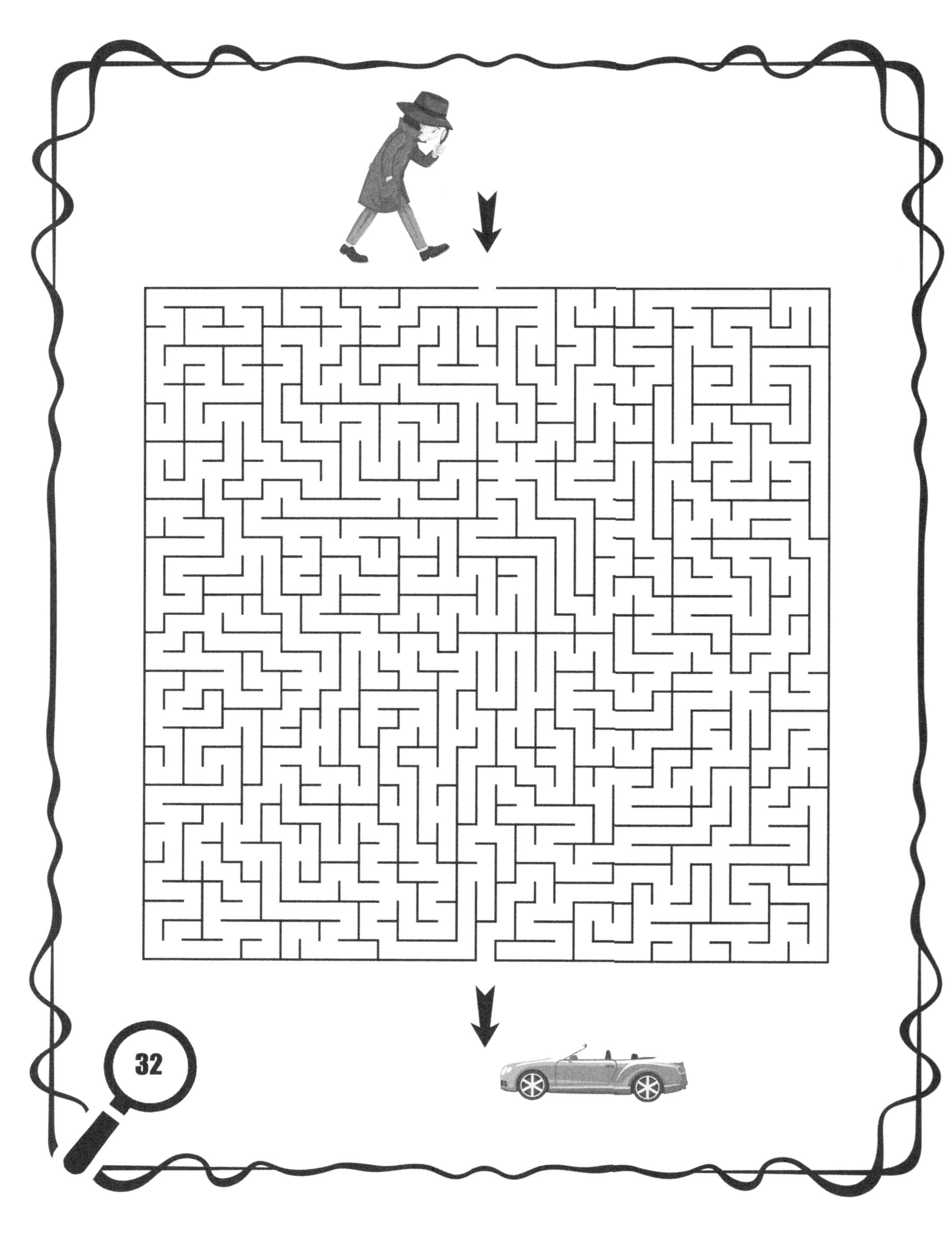
32

33

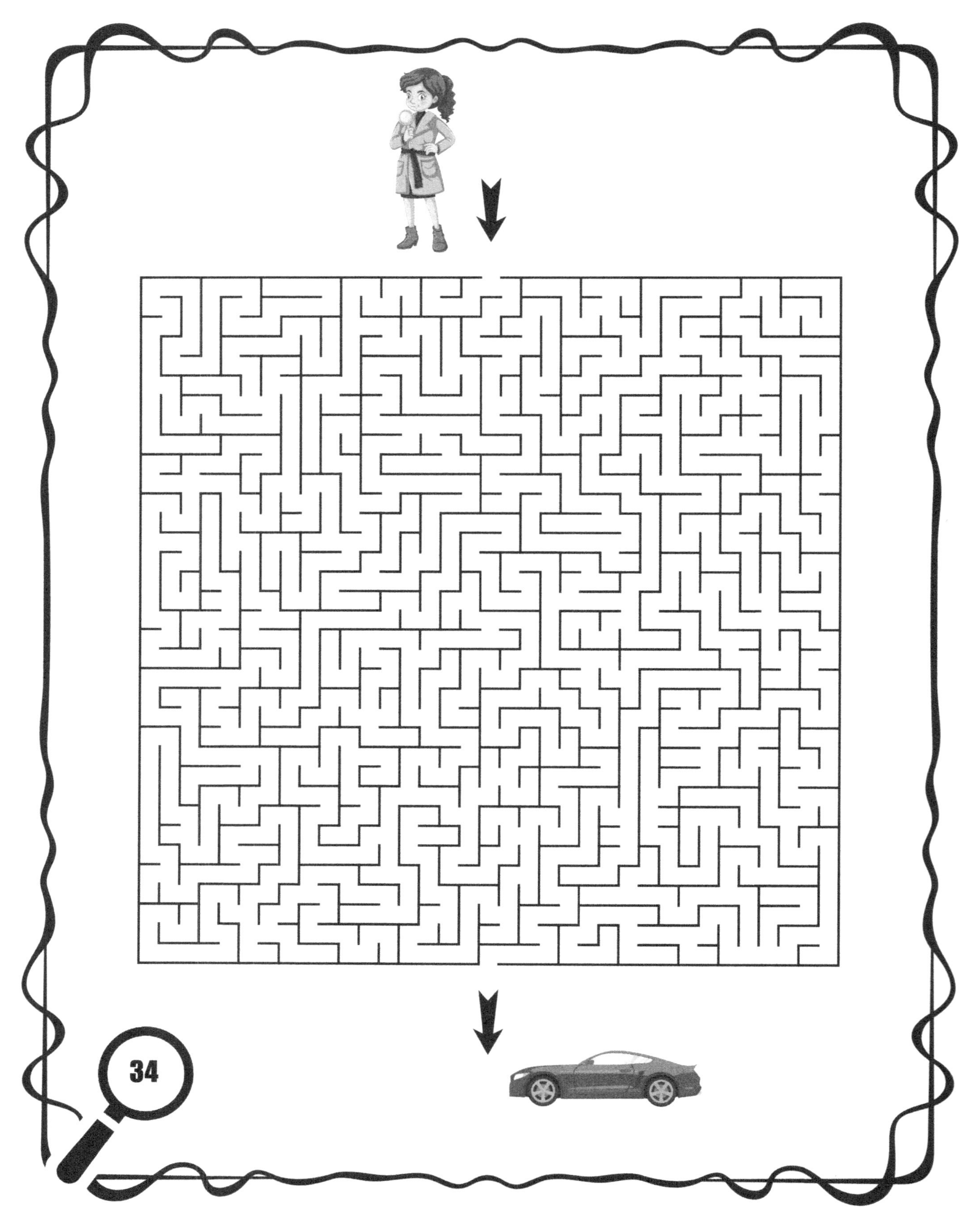
34

35

36

39

40

41

42

43

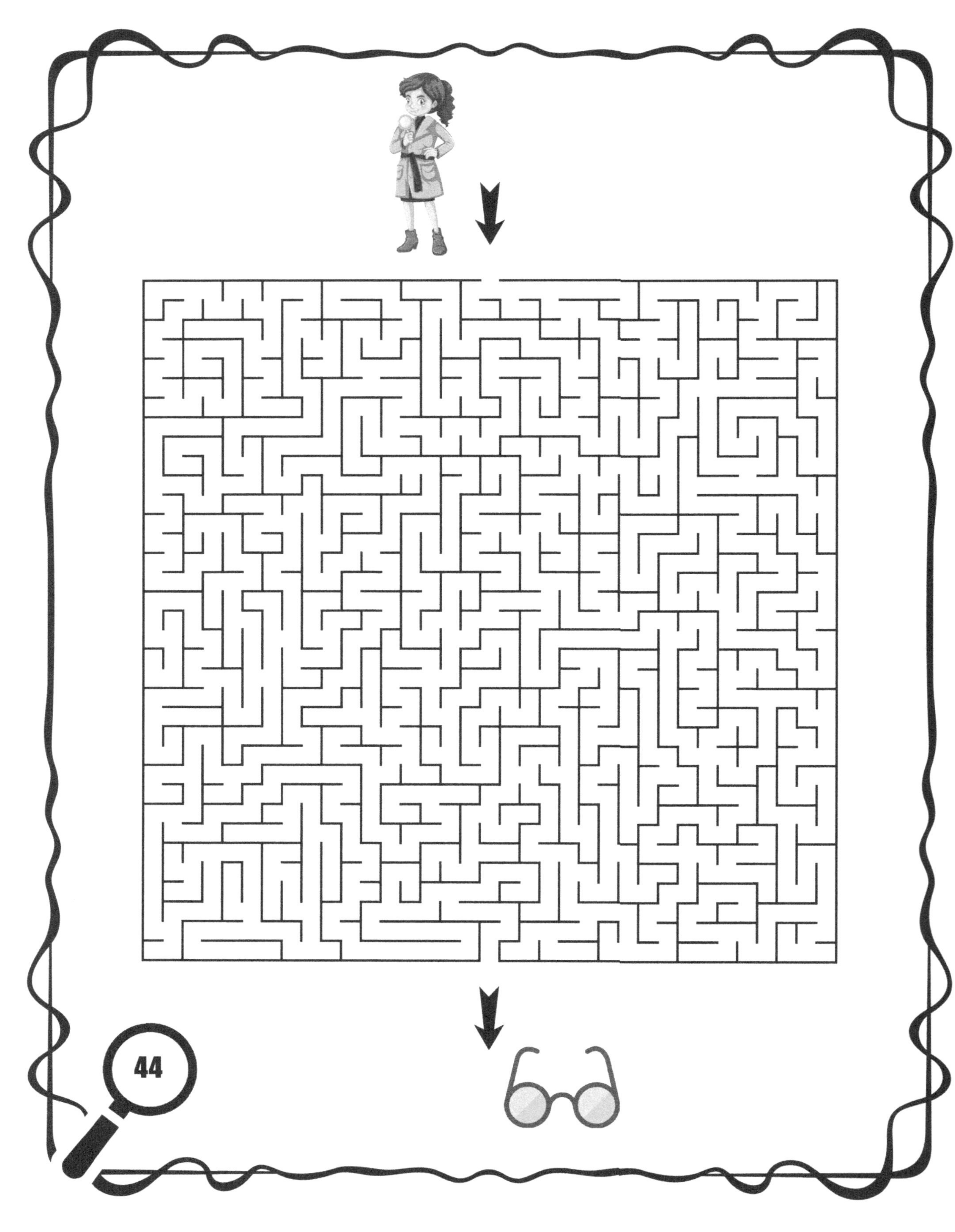

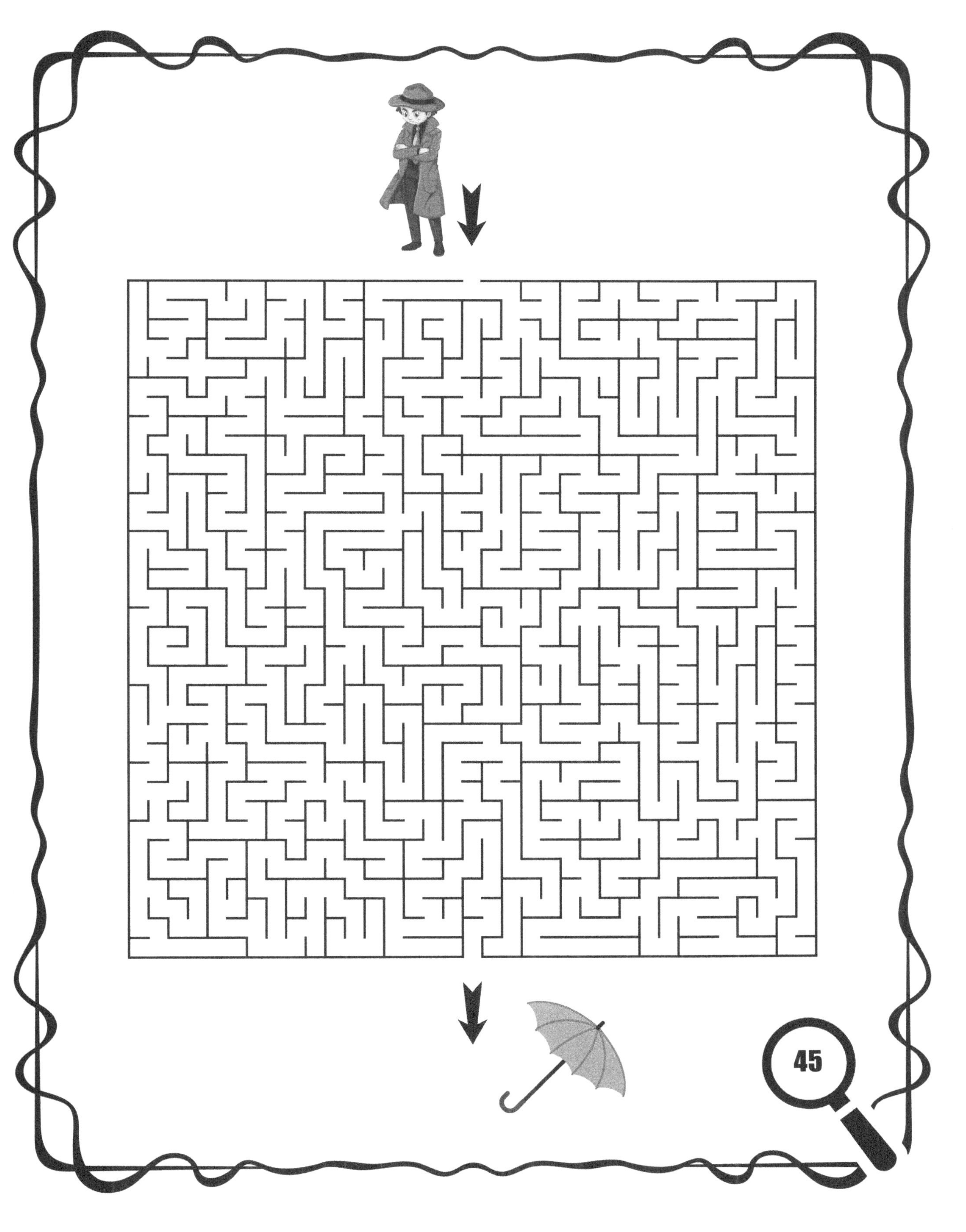

46

47

48

49

51

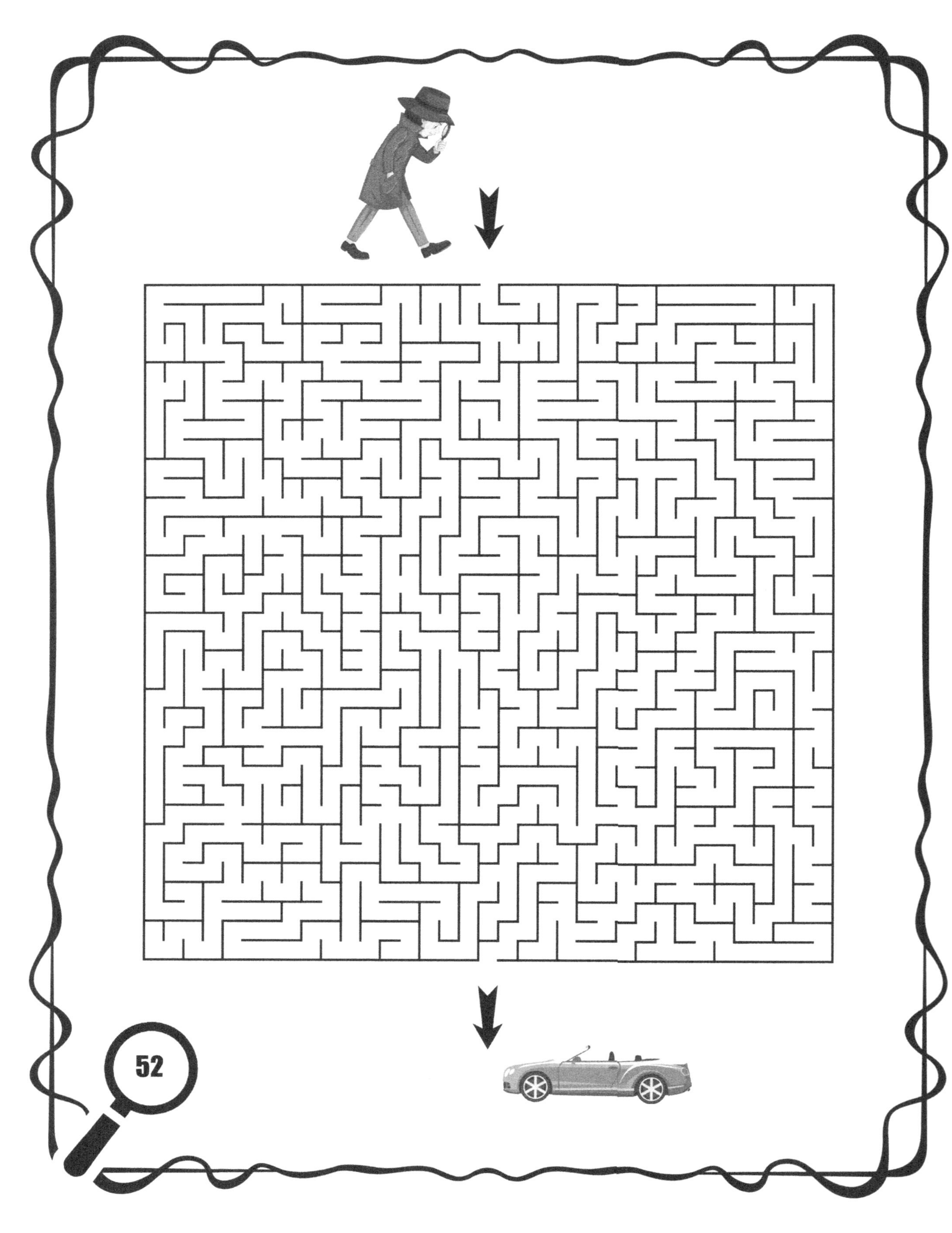

53

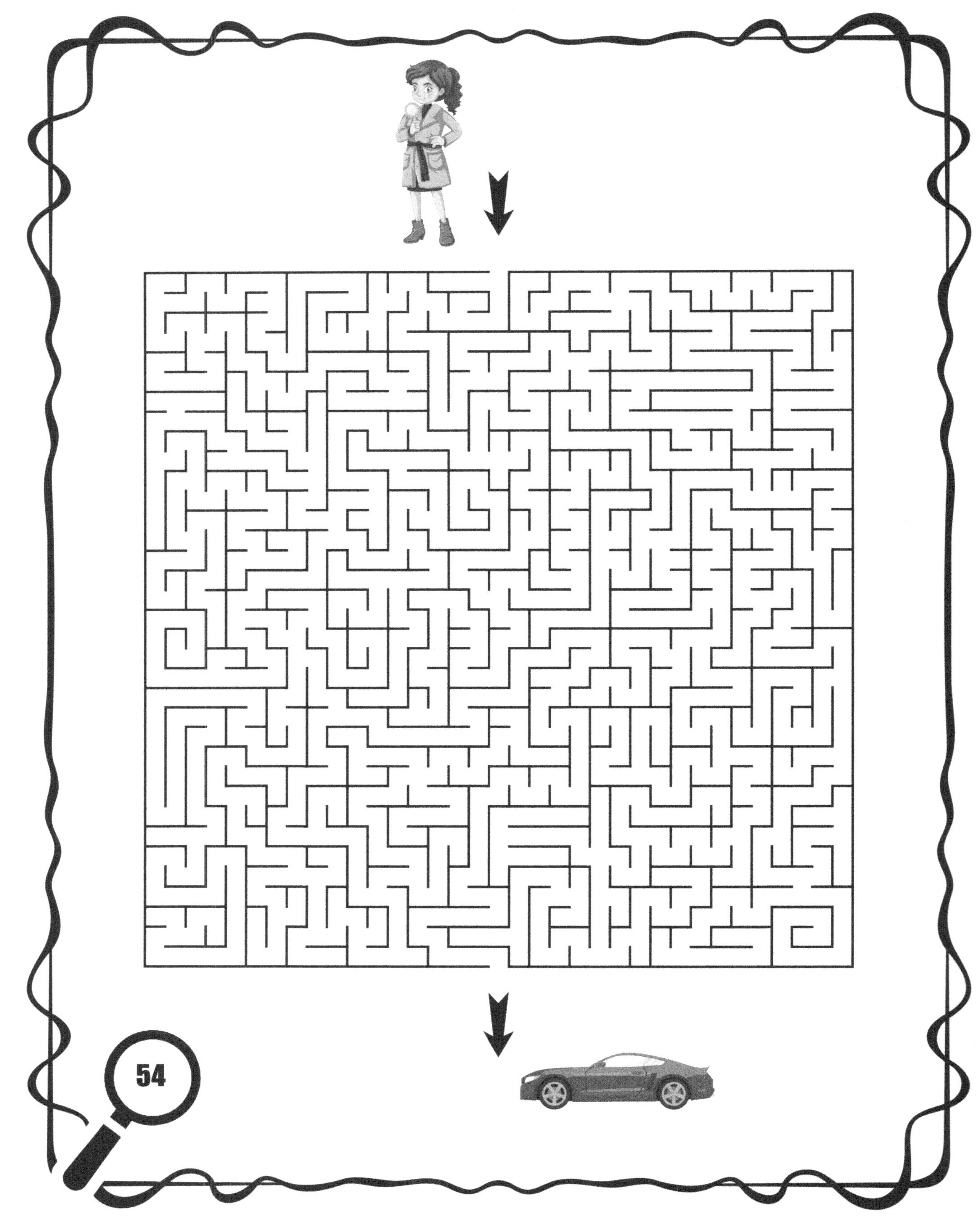

54

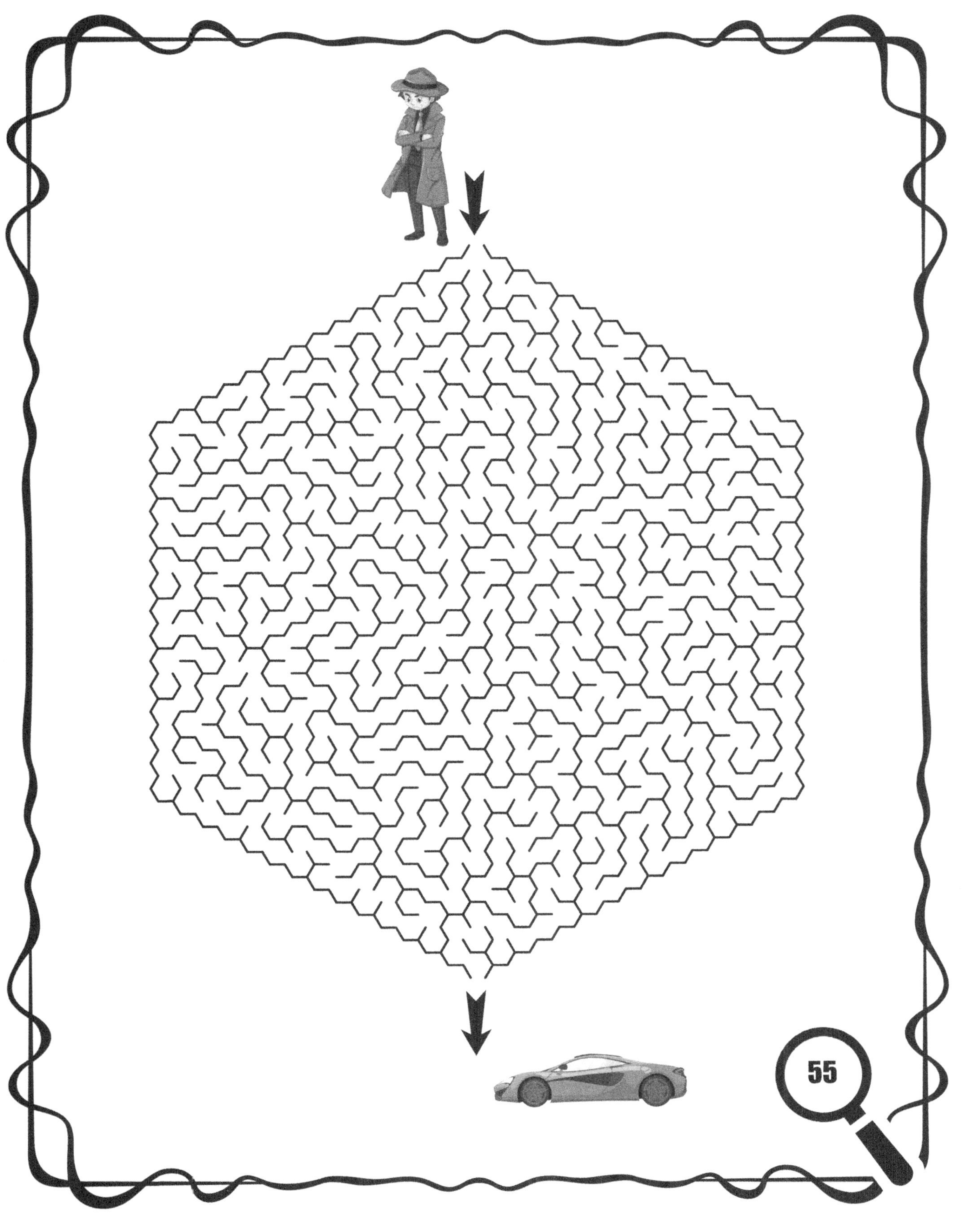

55

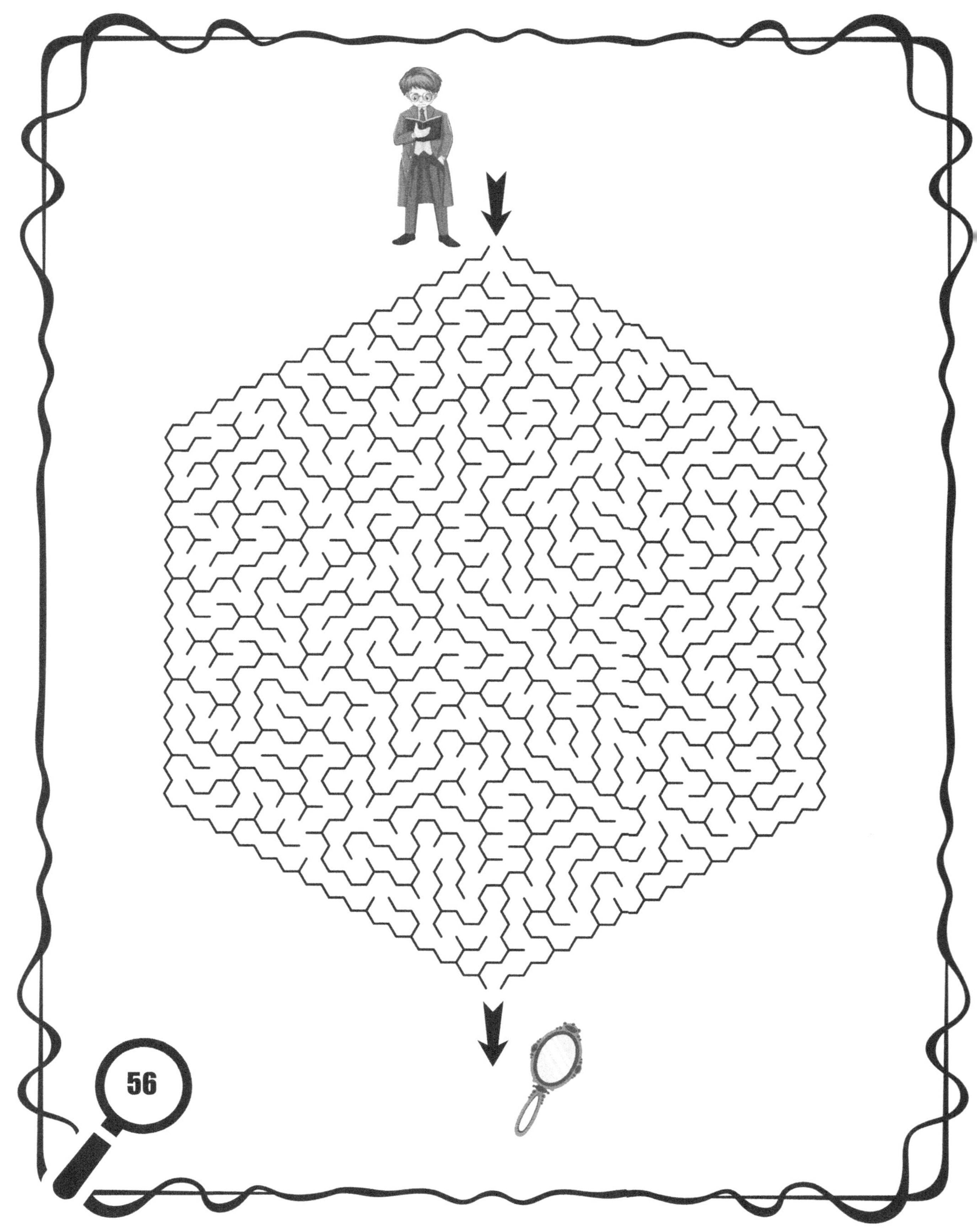

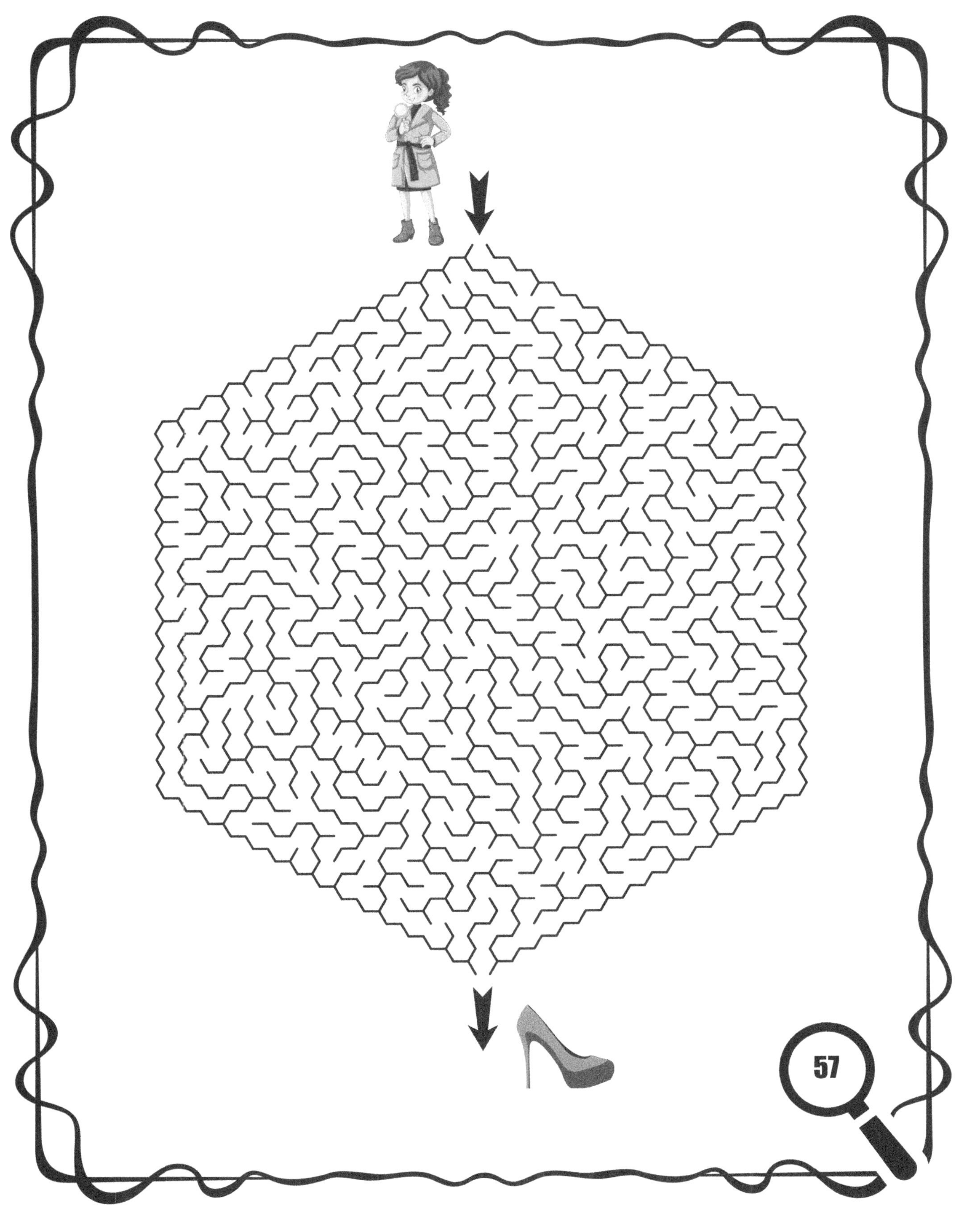

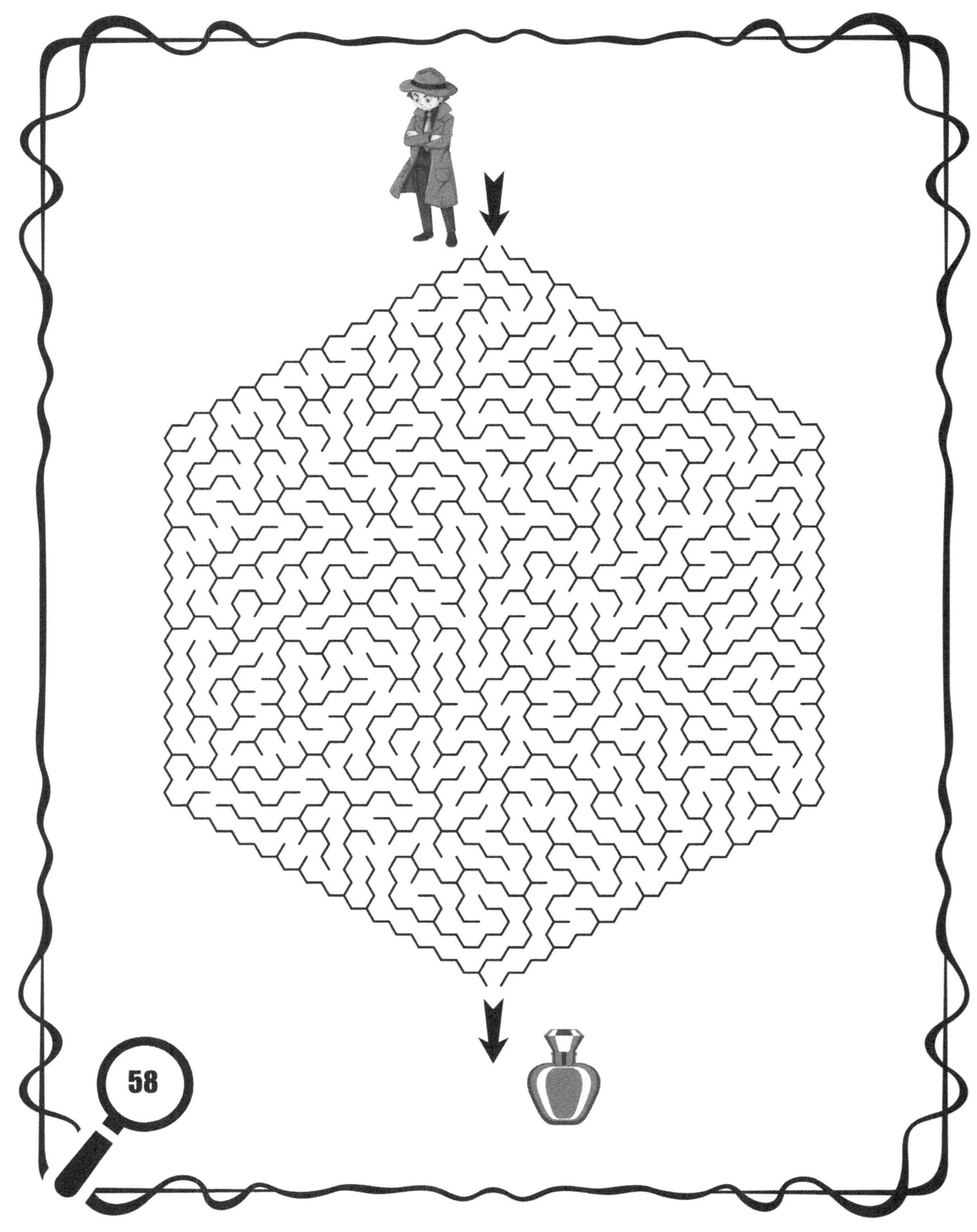

58

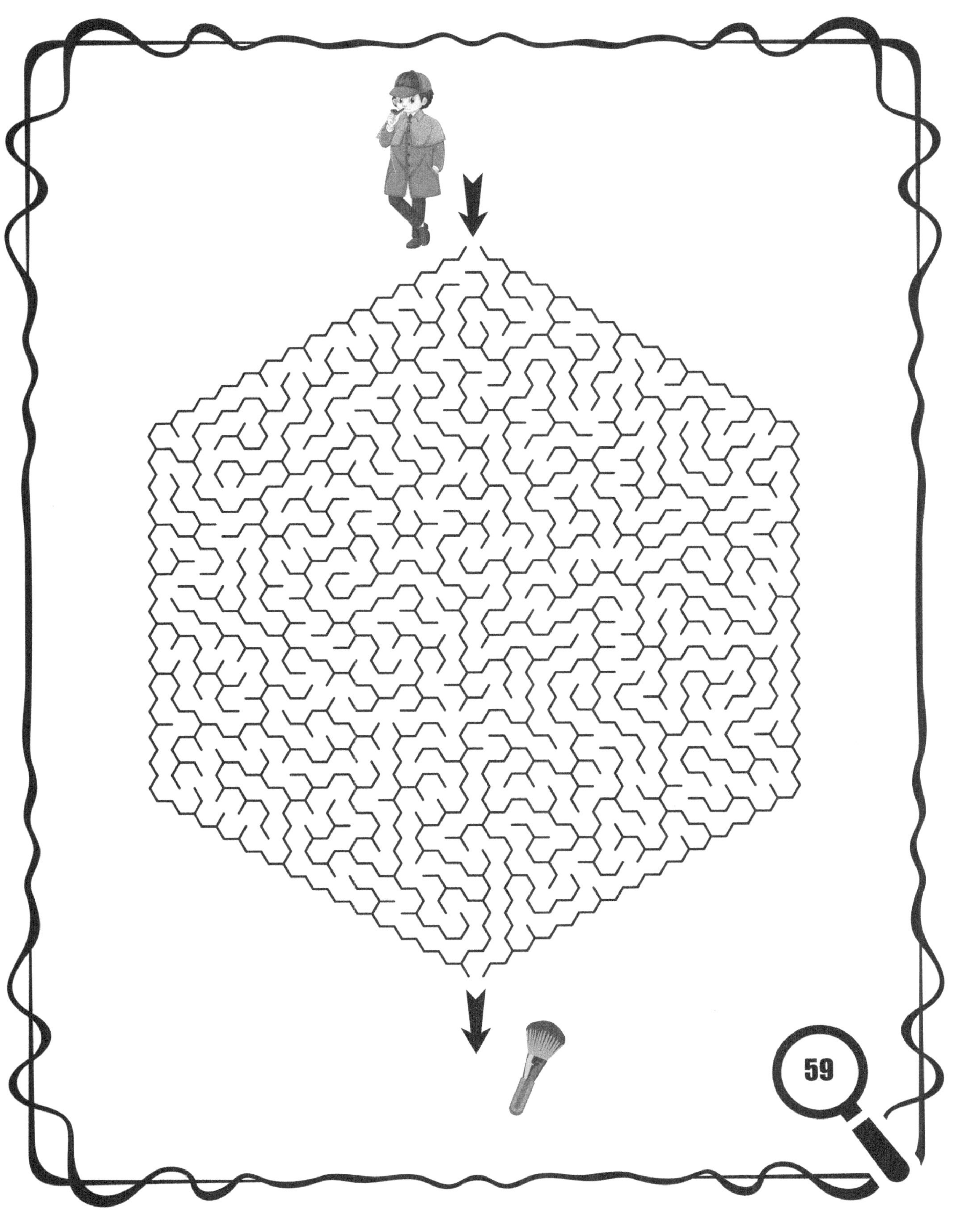
59

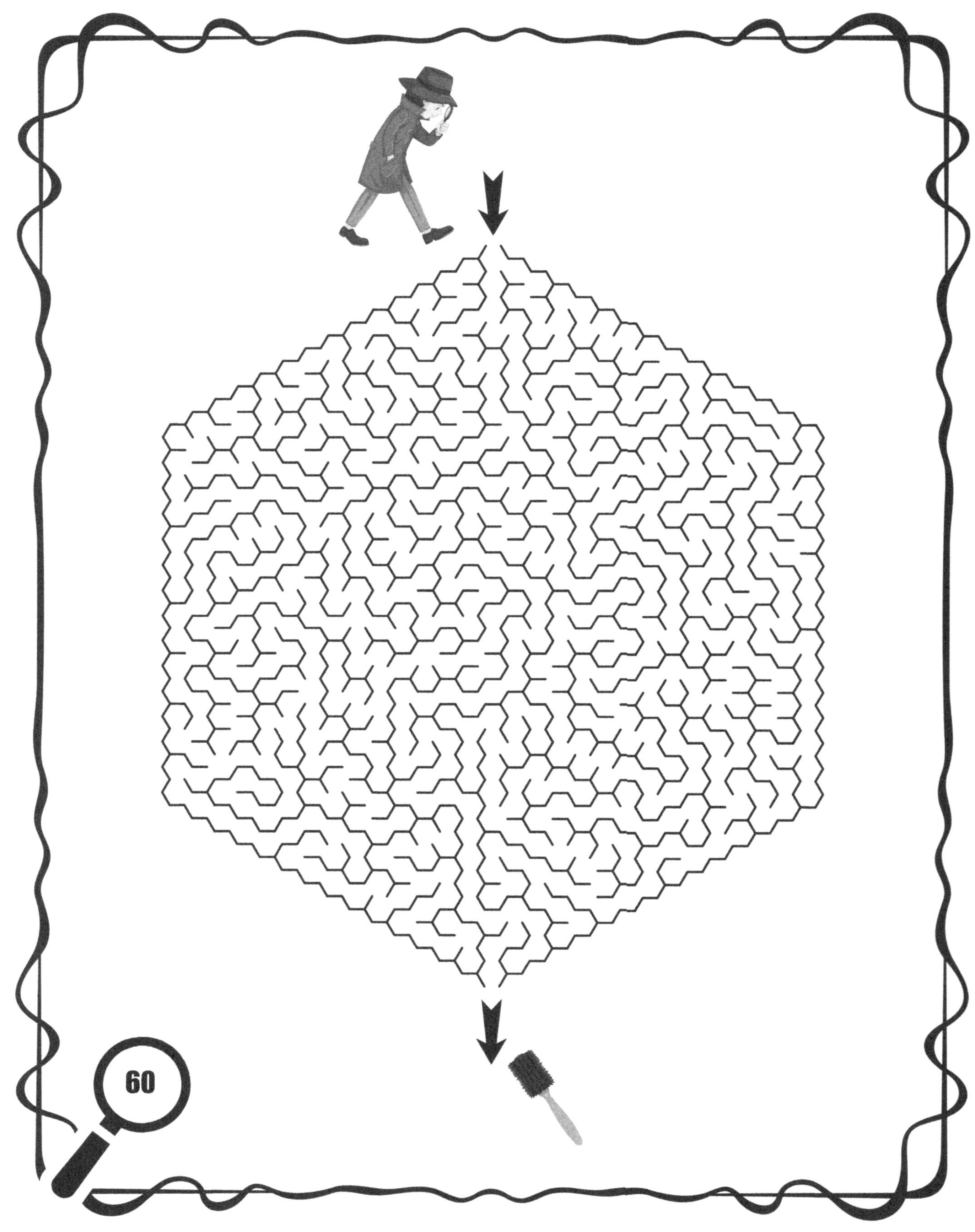

60

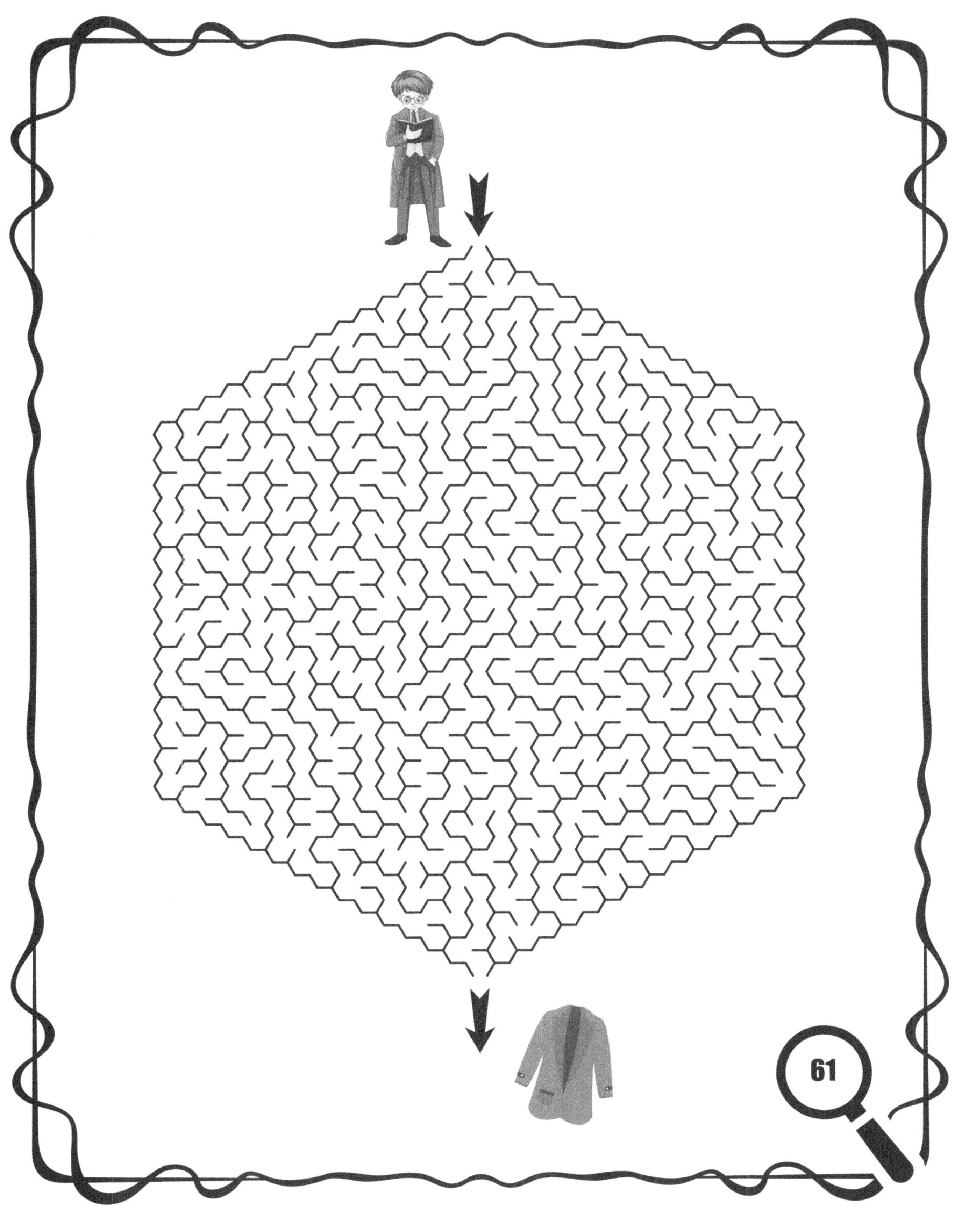

61

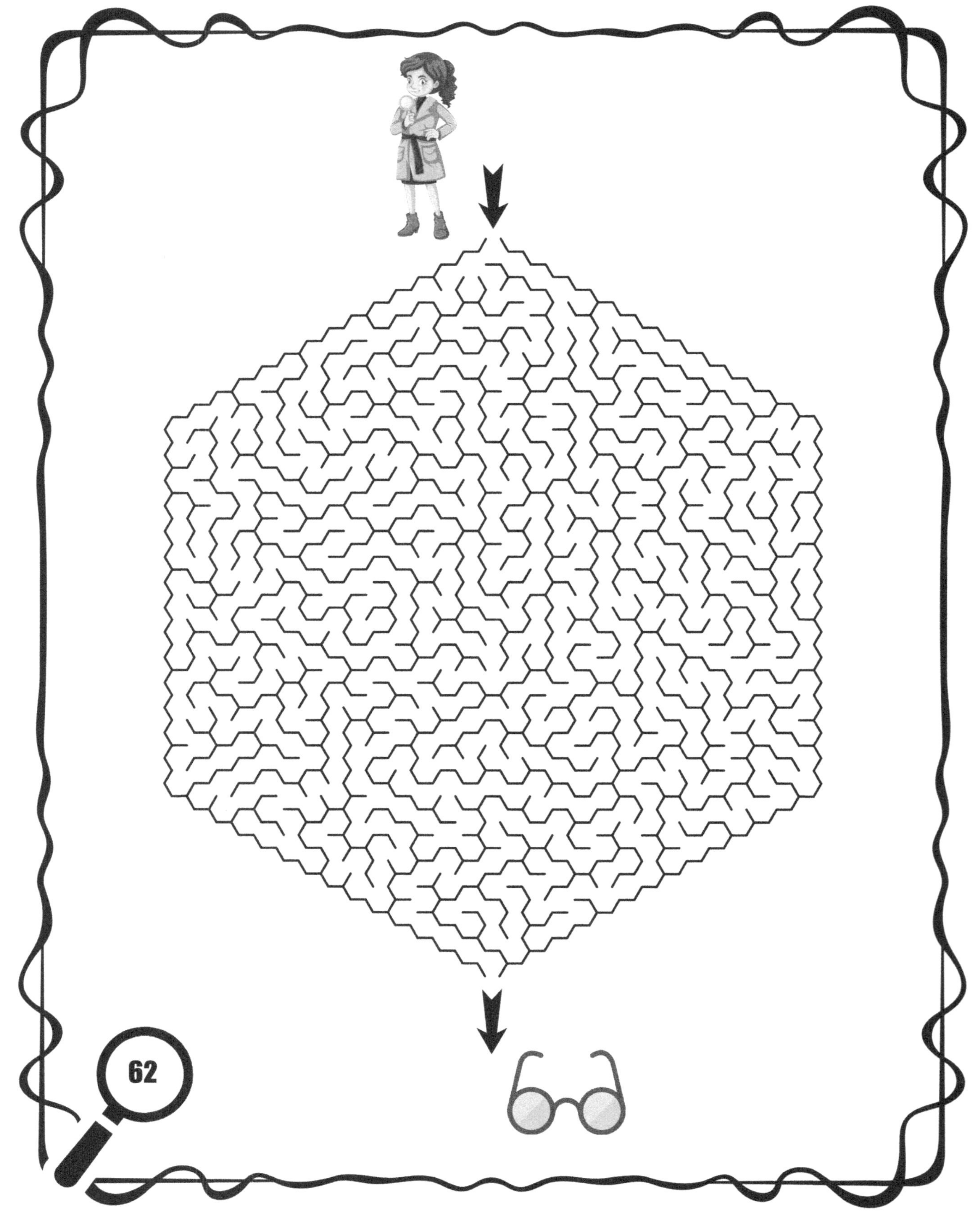

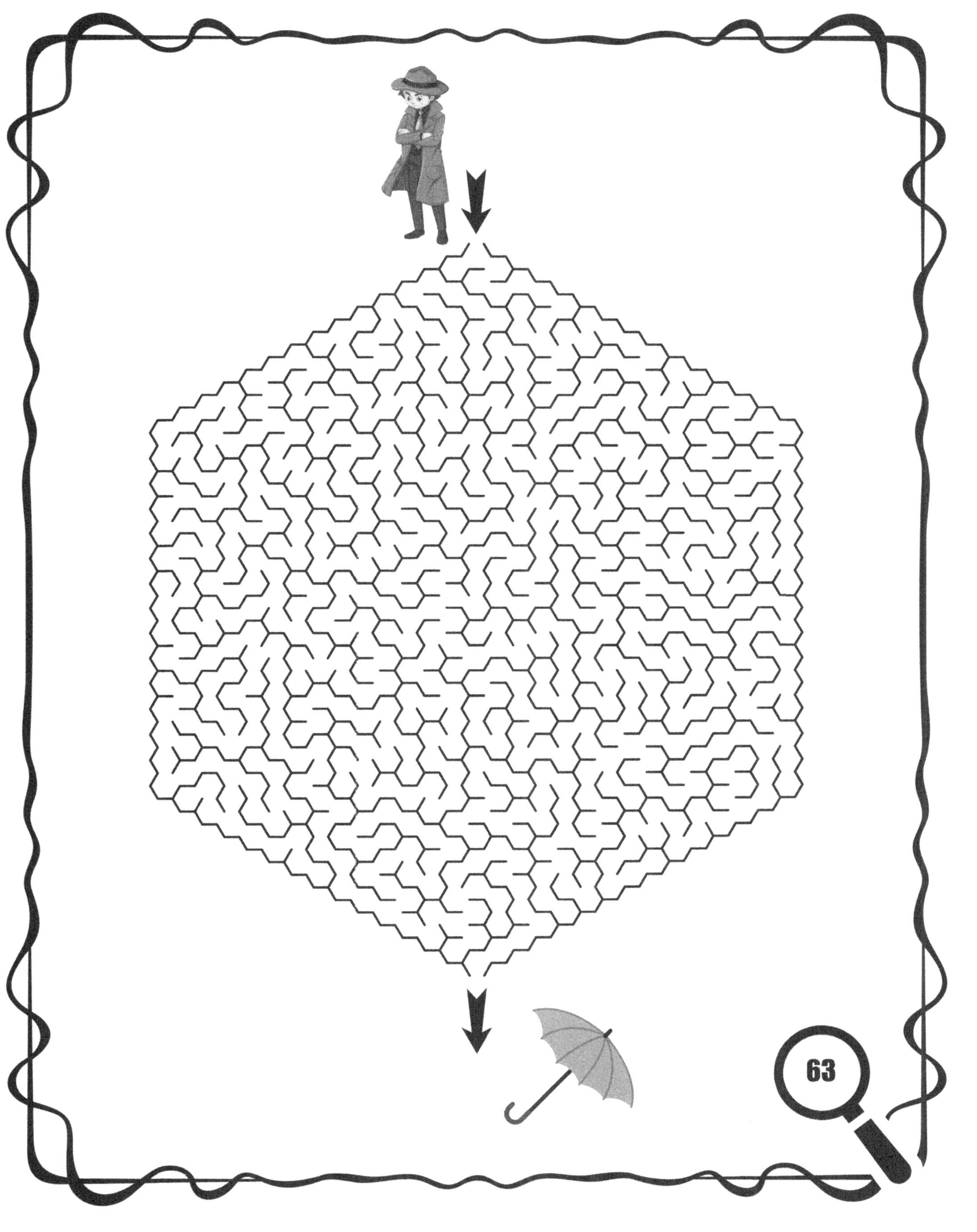

63

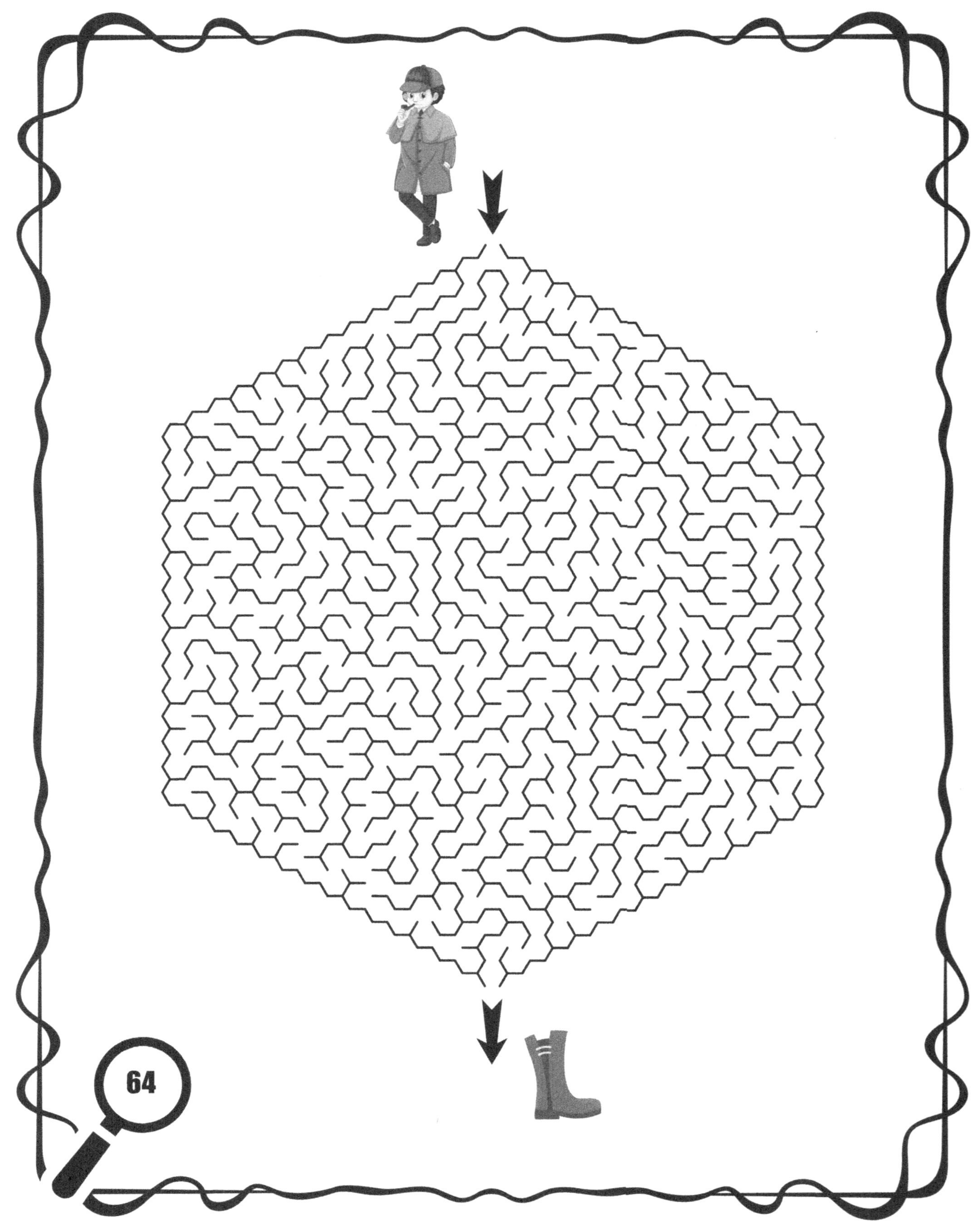

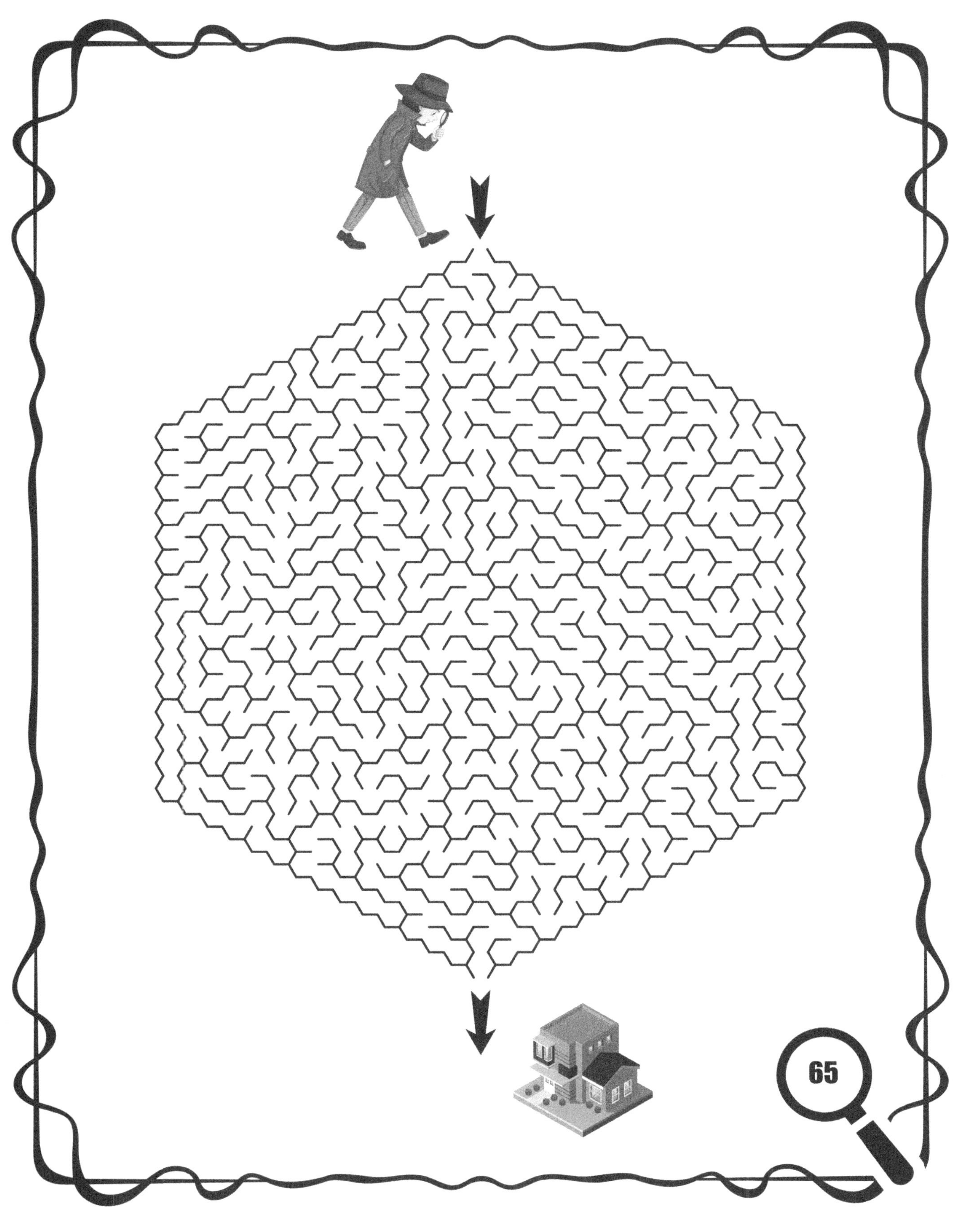

65

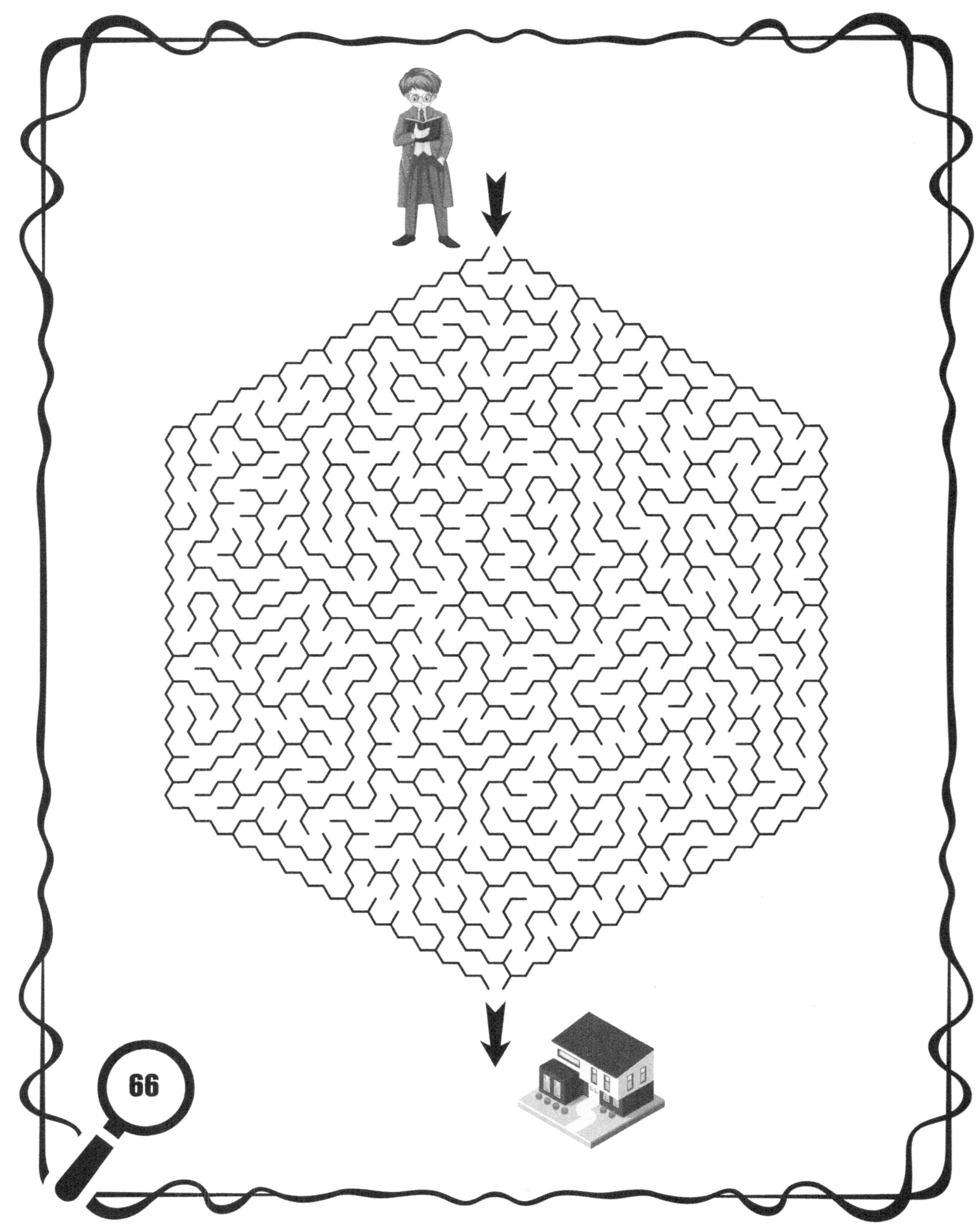

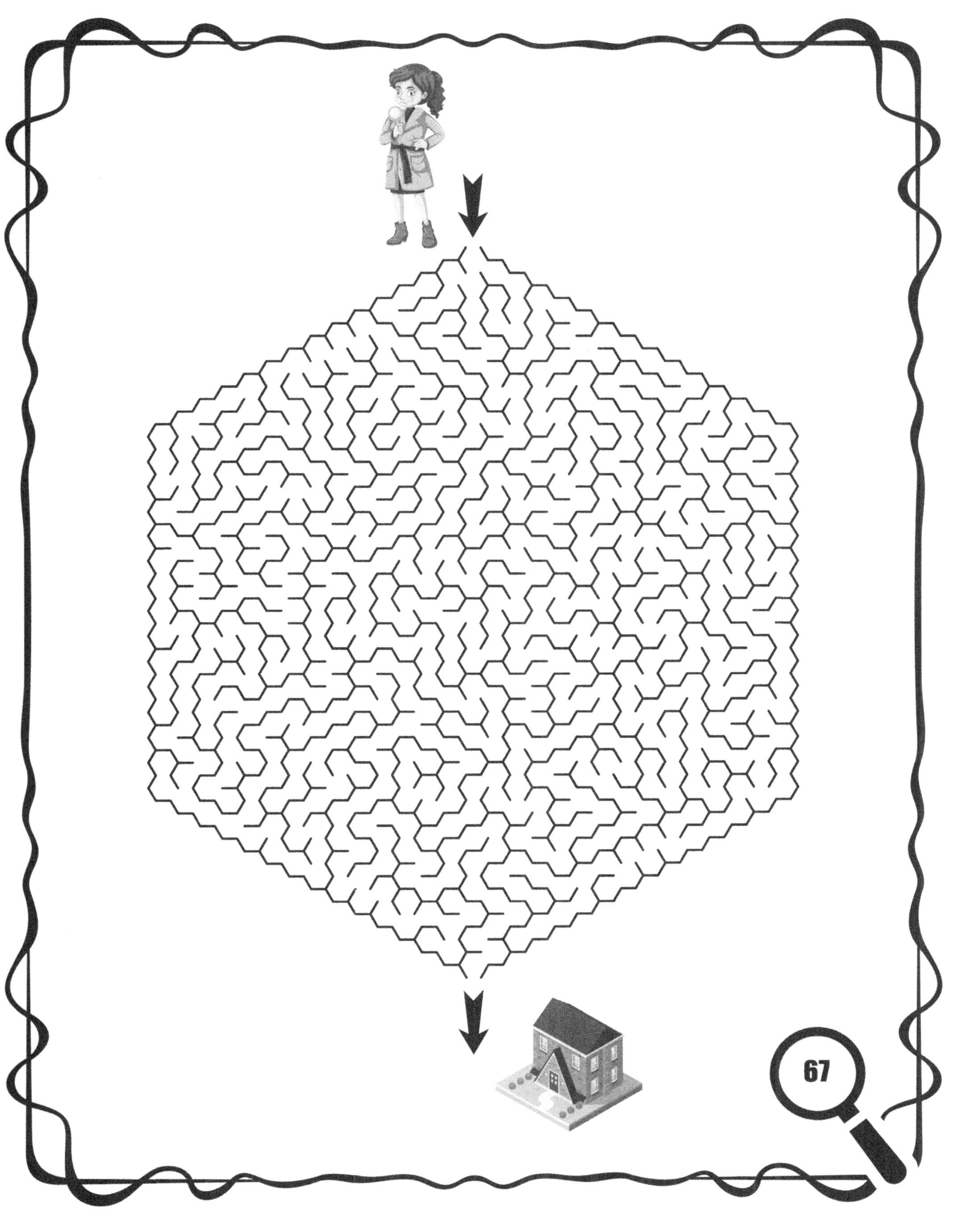

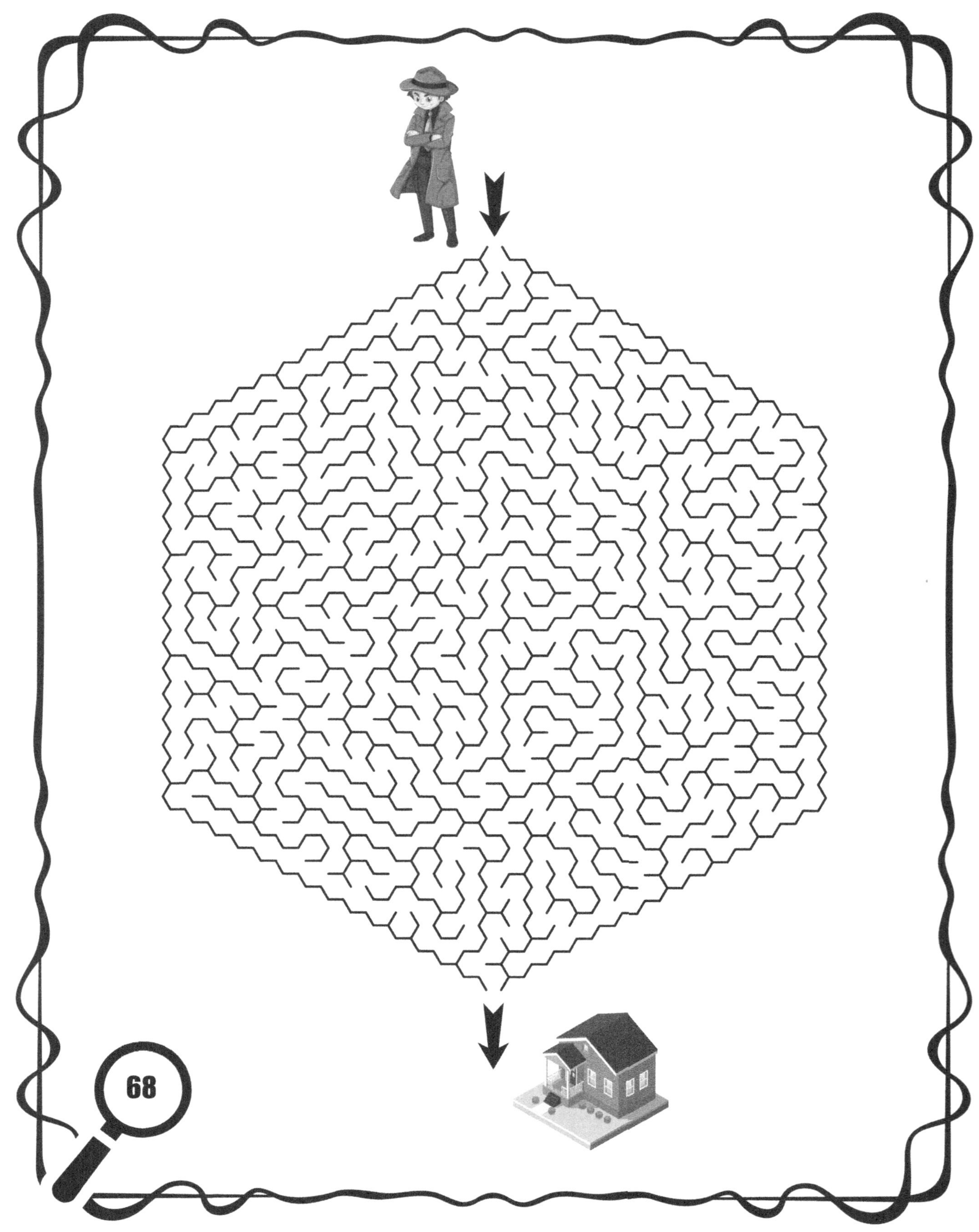

68

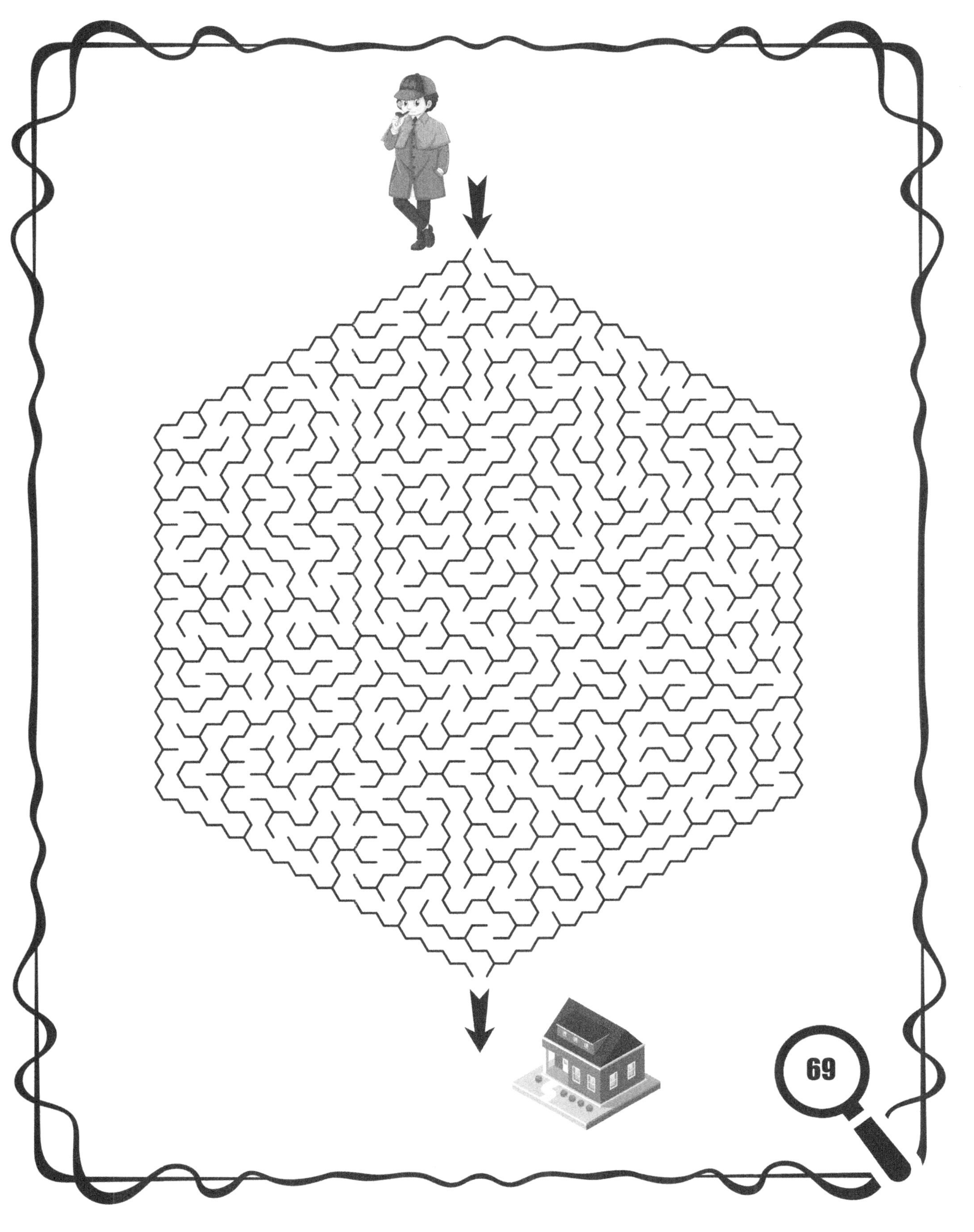
69

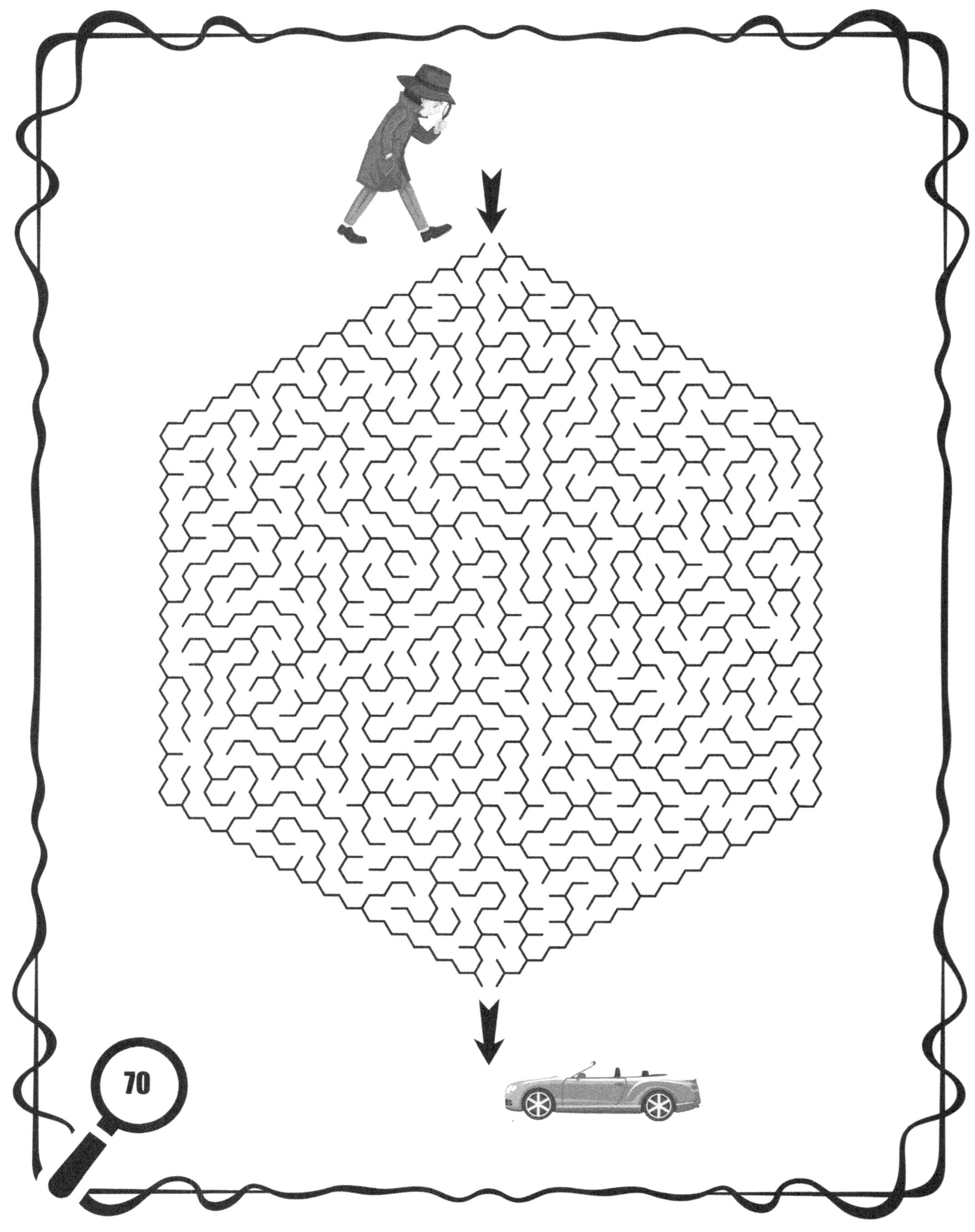
70

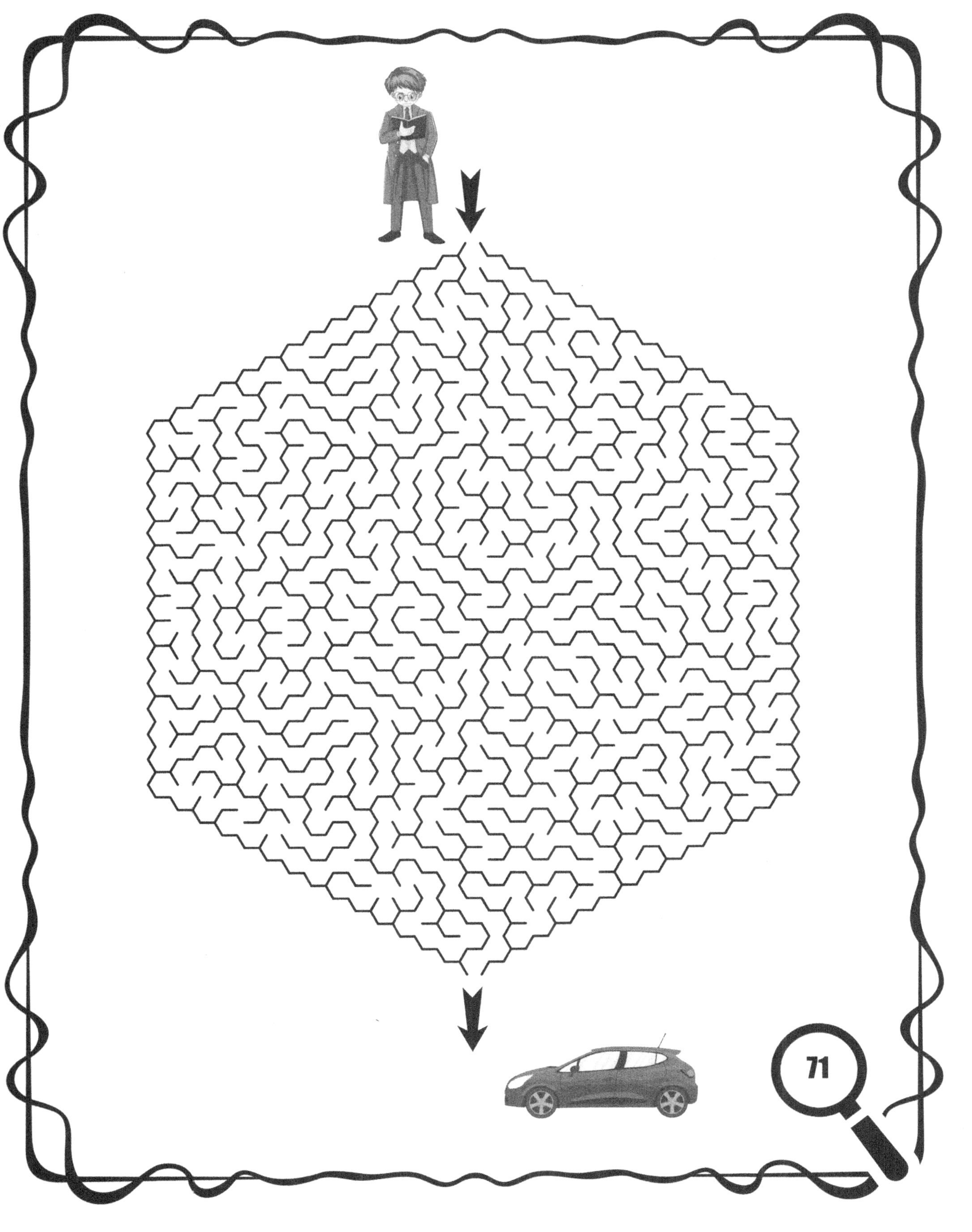

71

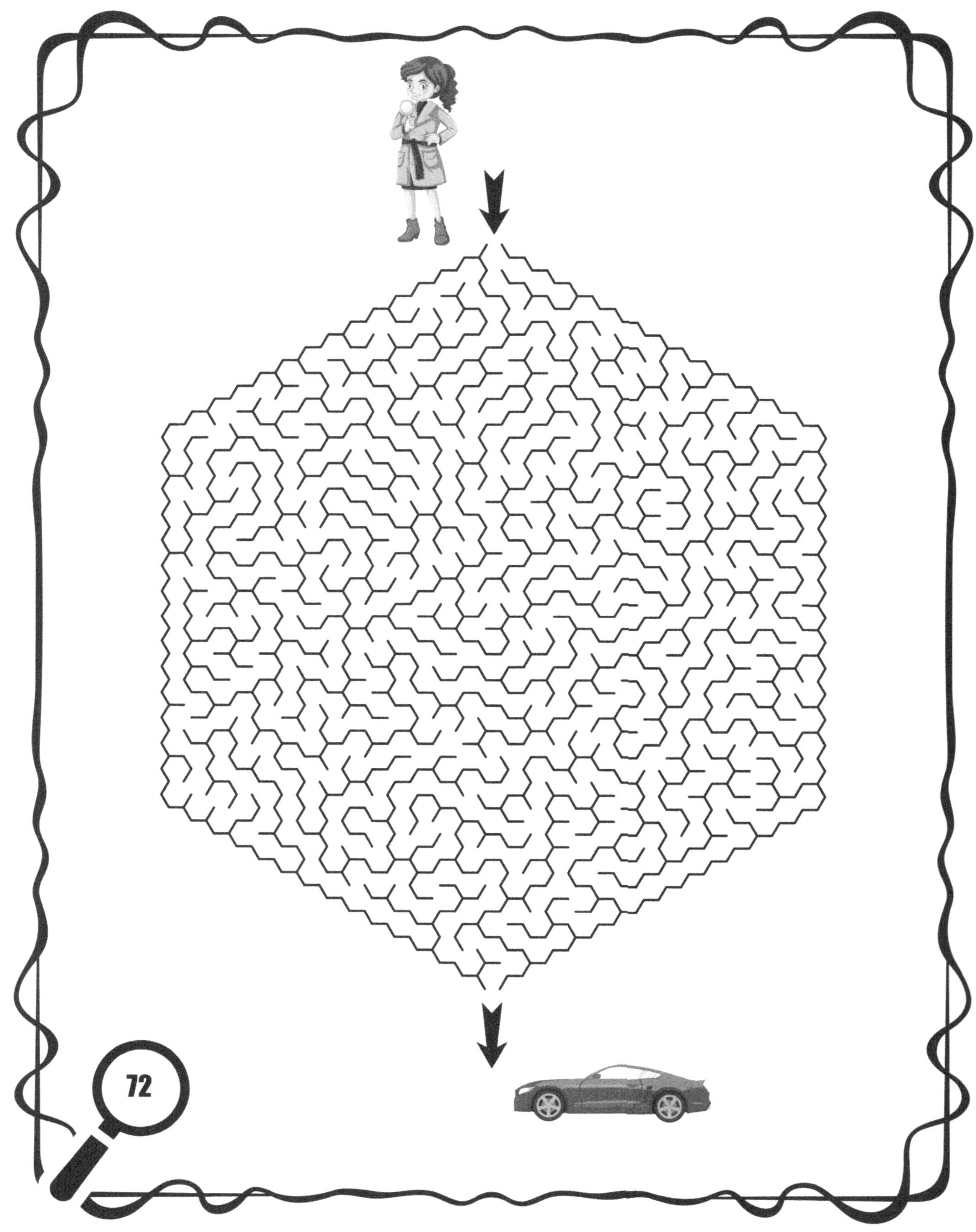

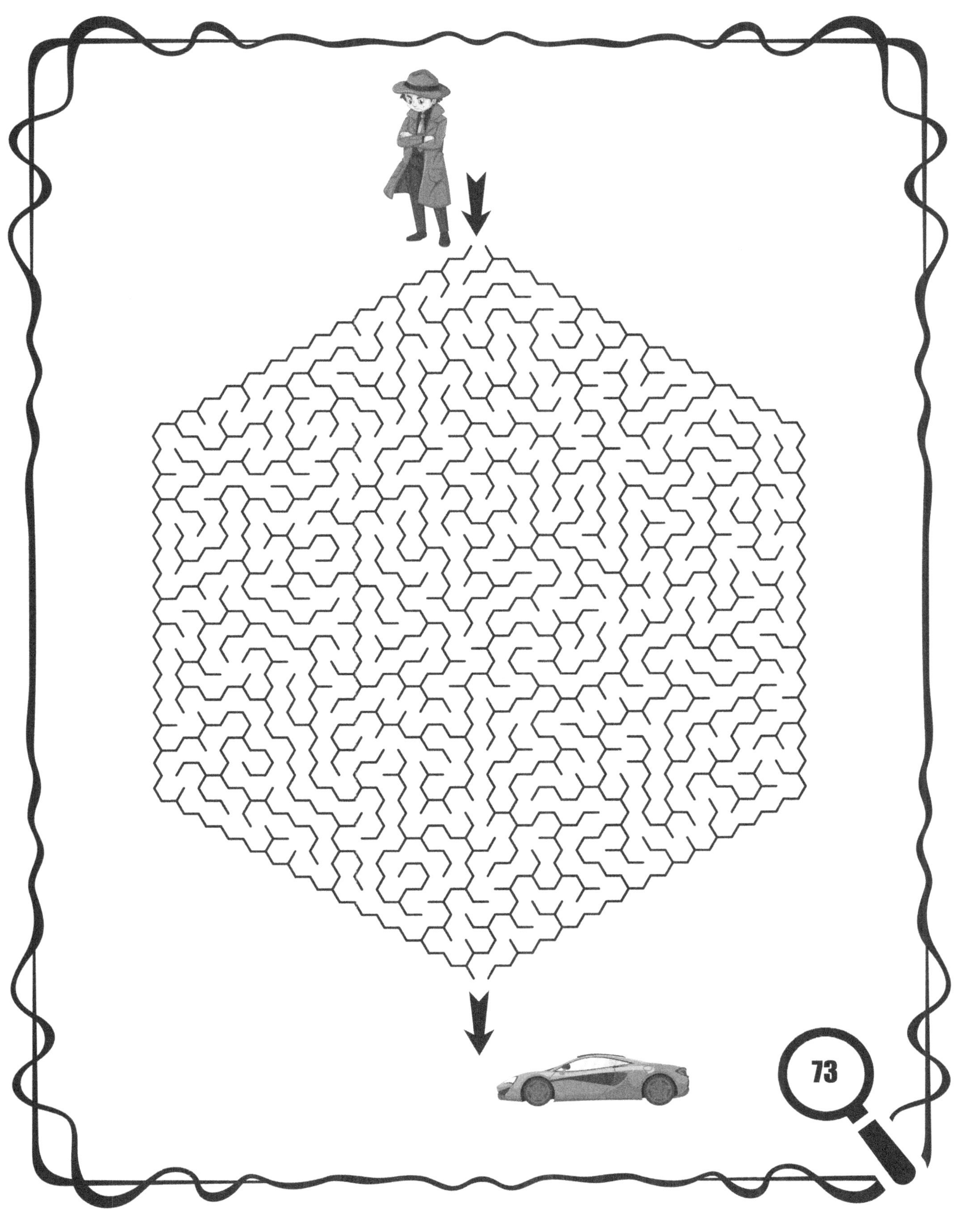

73

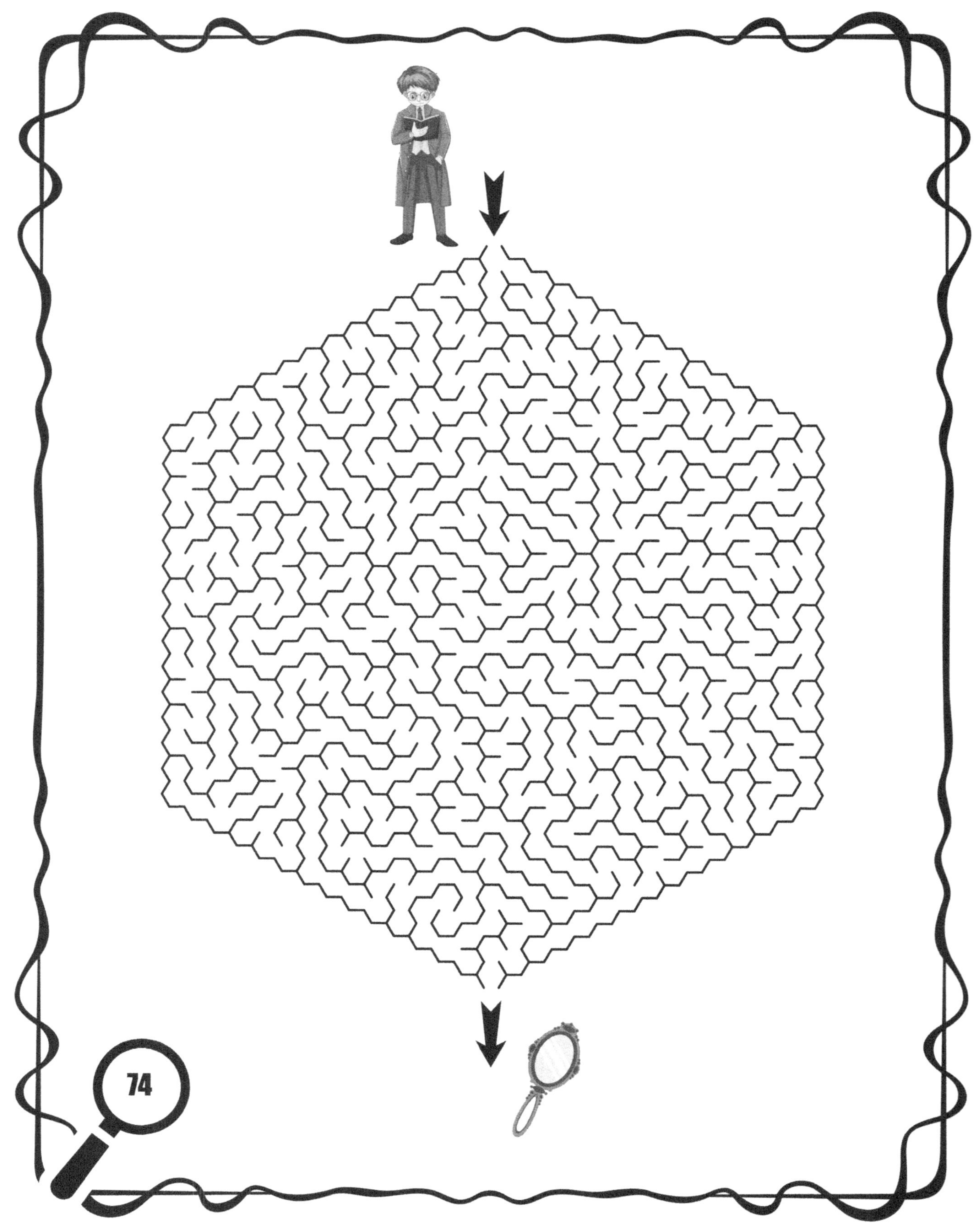

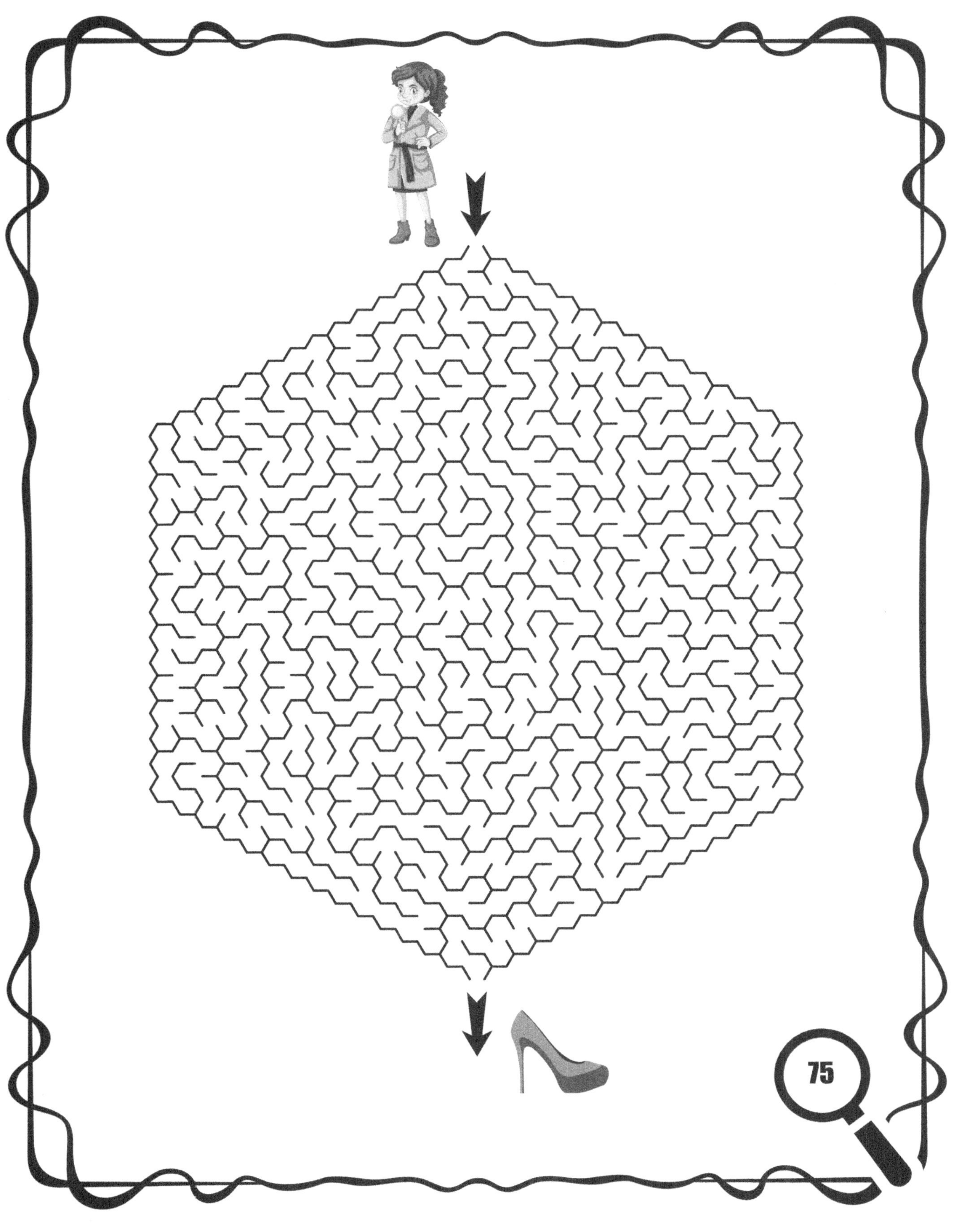
75

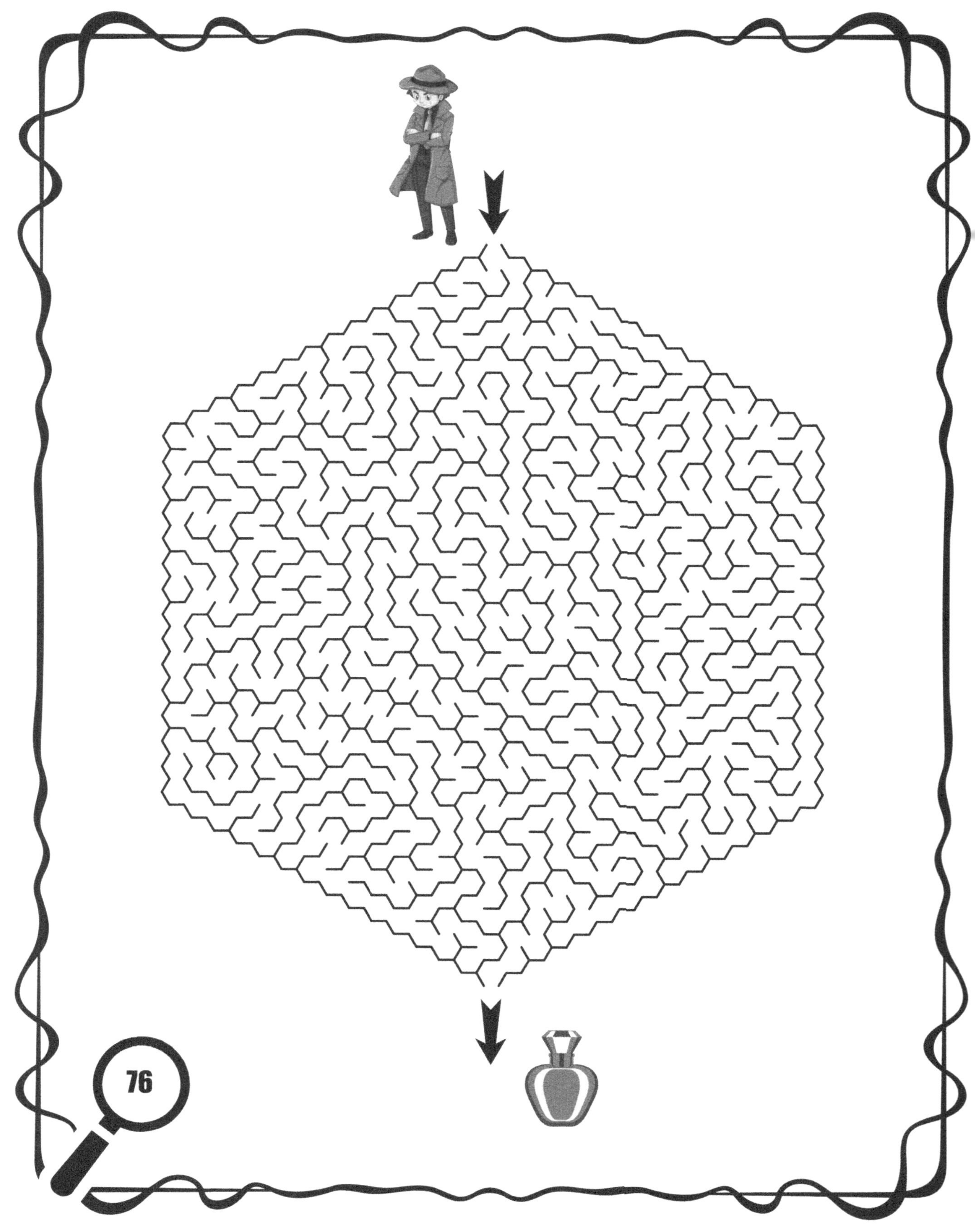

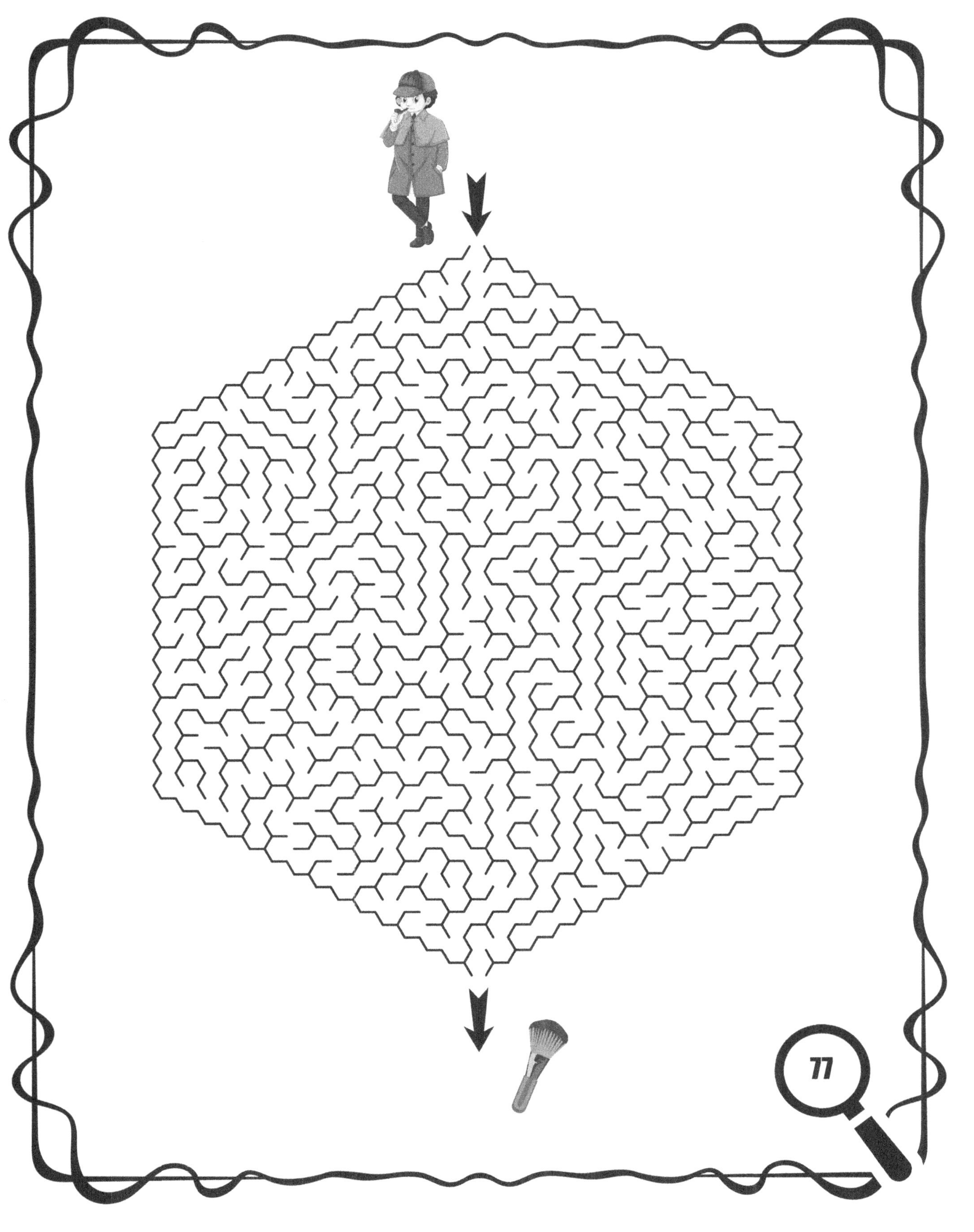

77

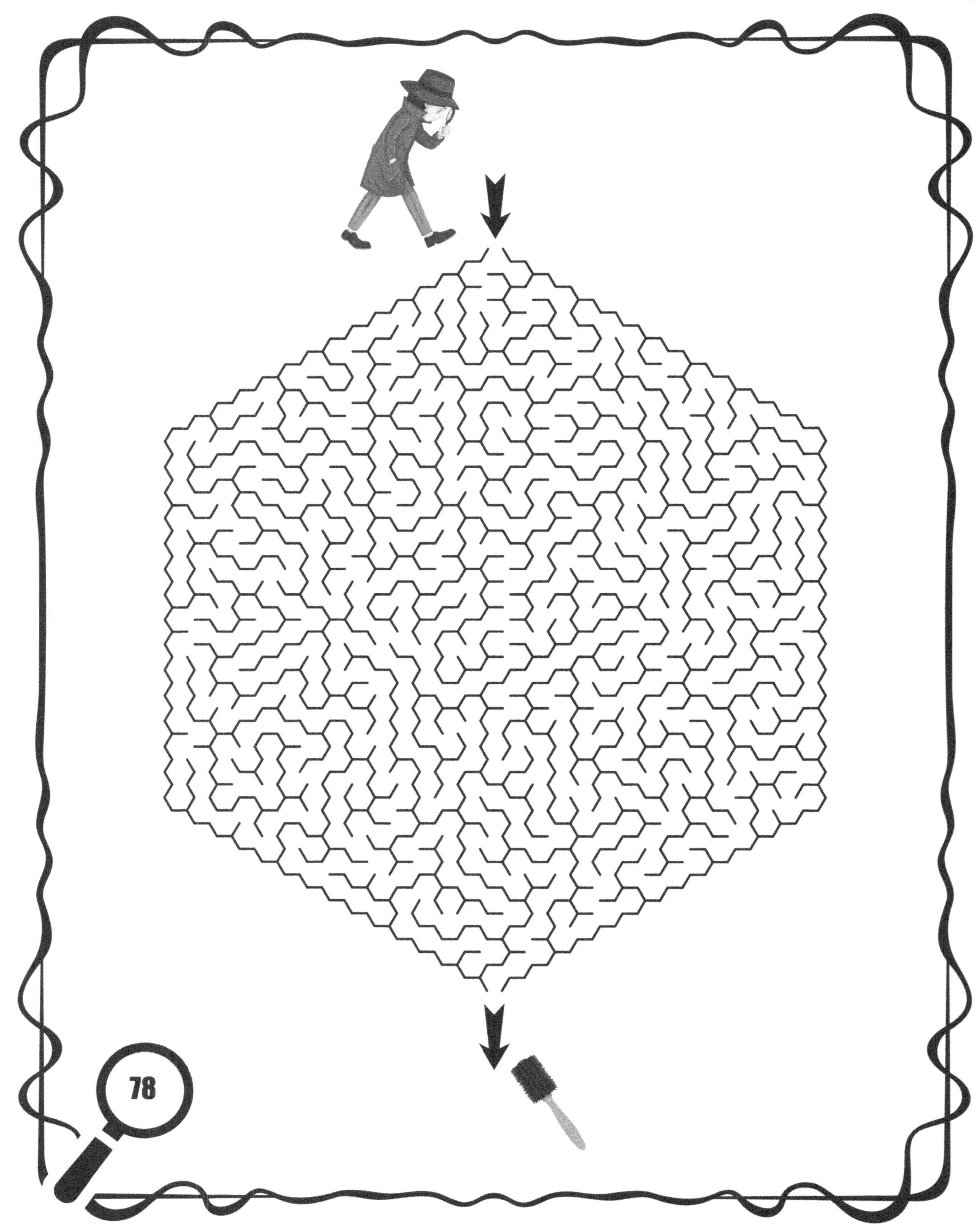

78

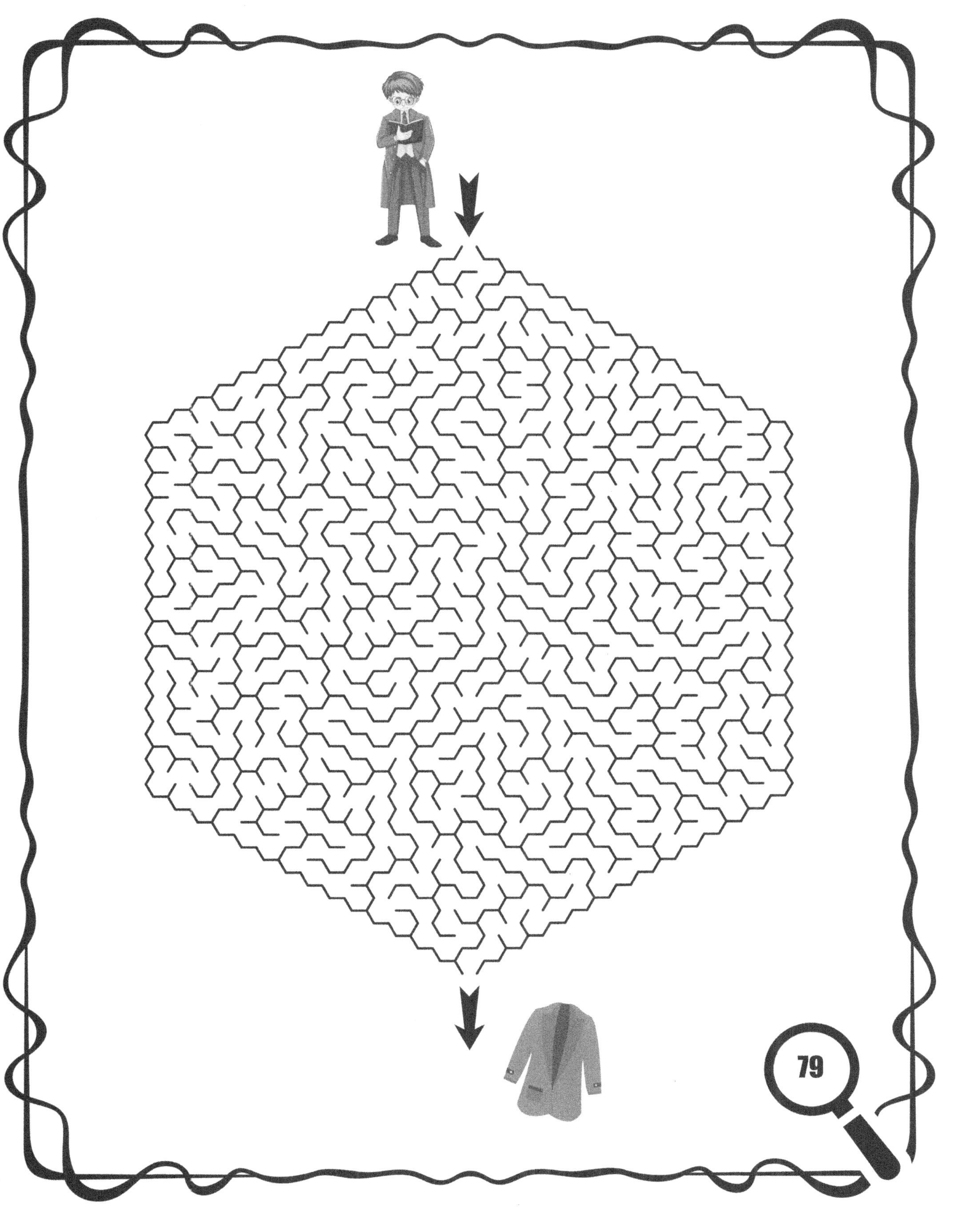

79

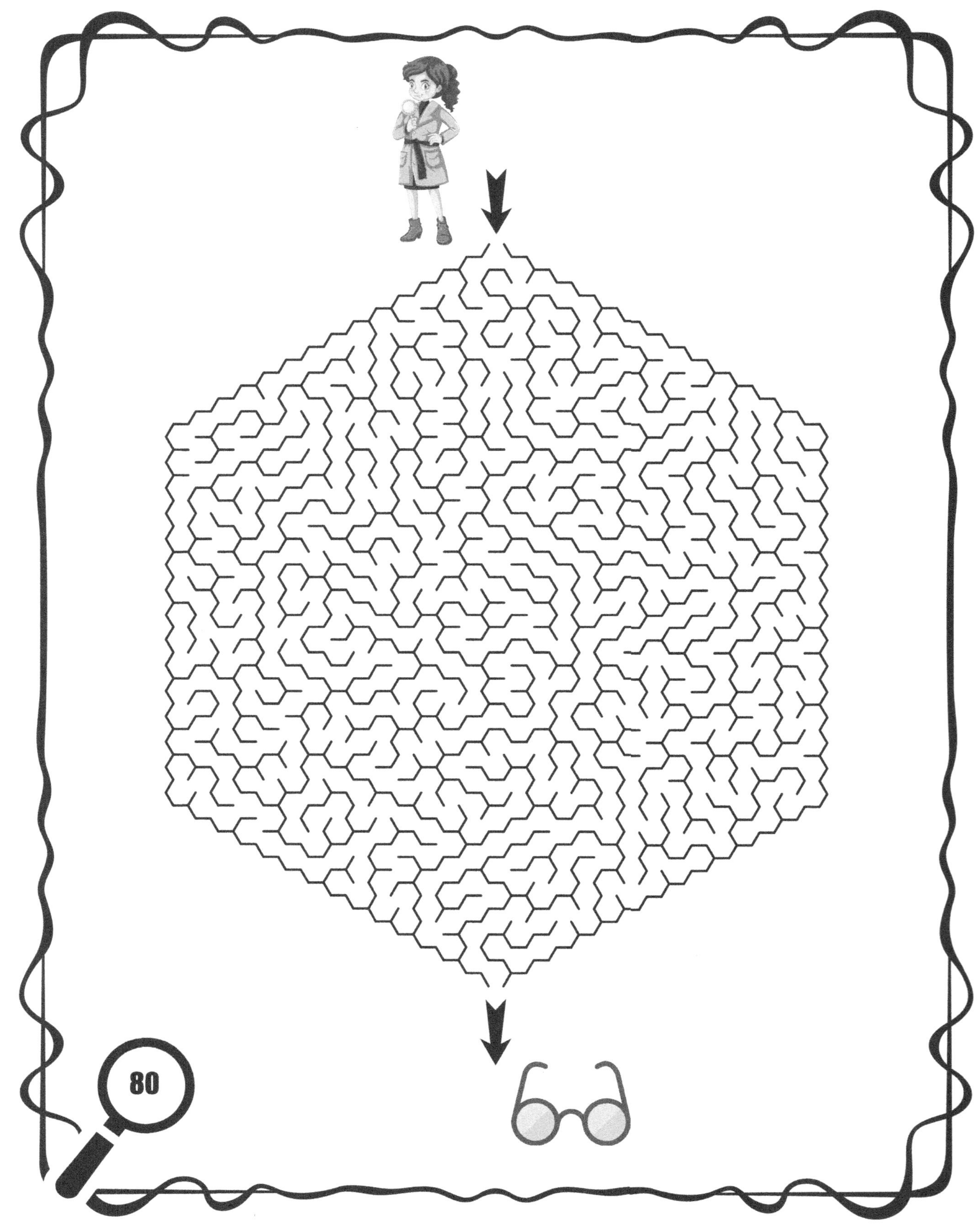
80

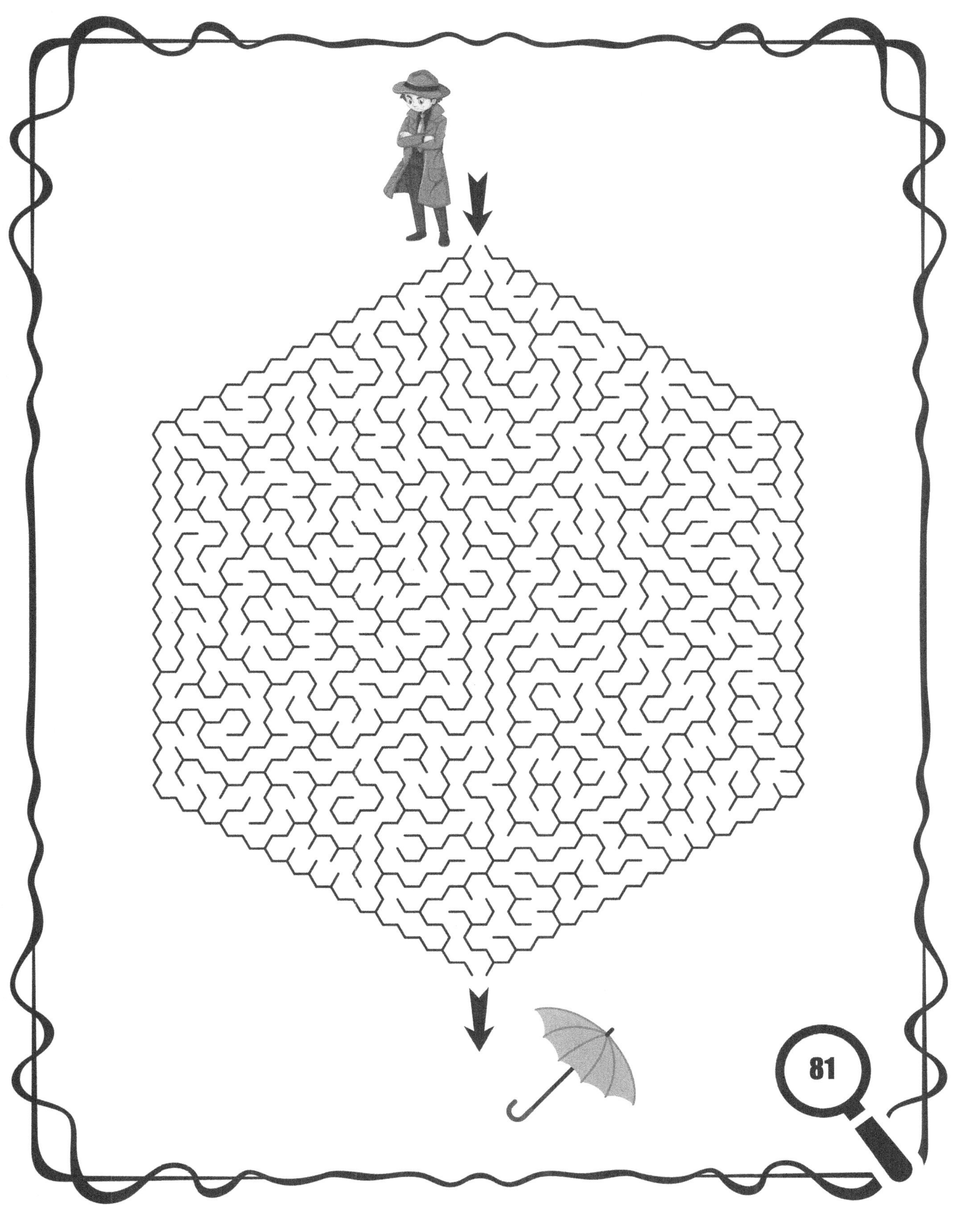
81

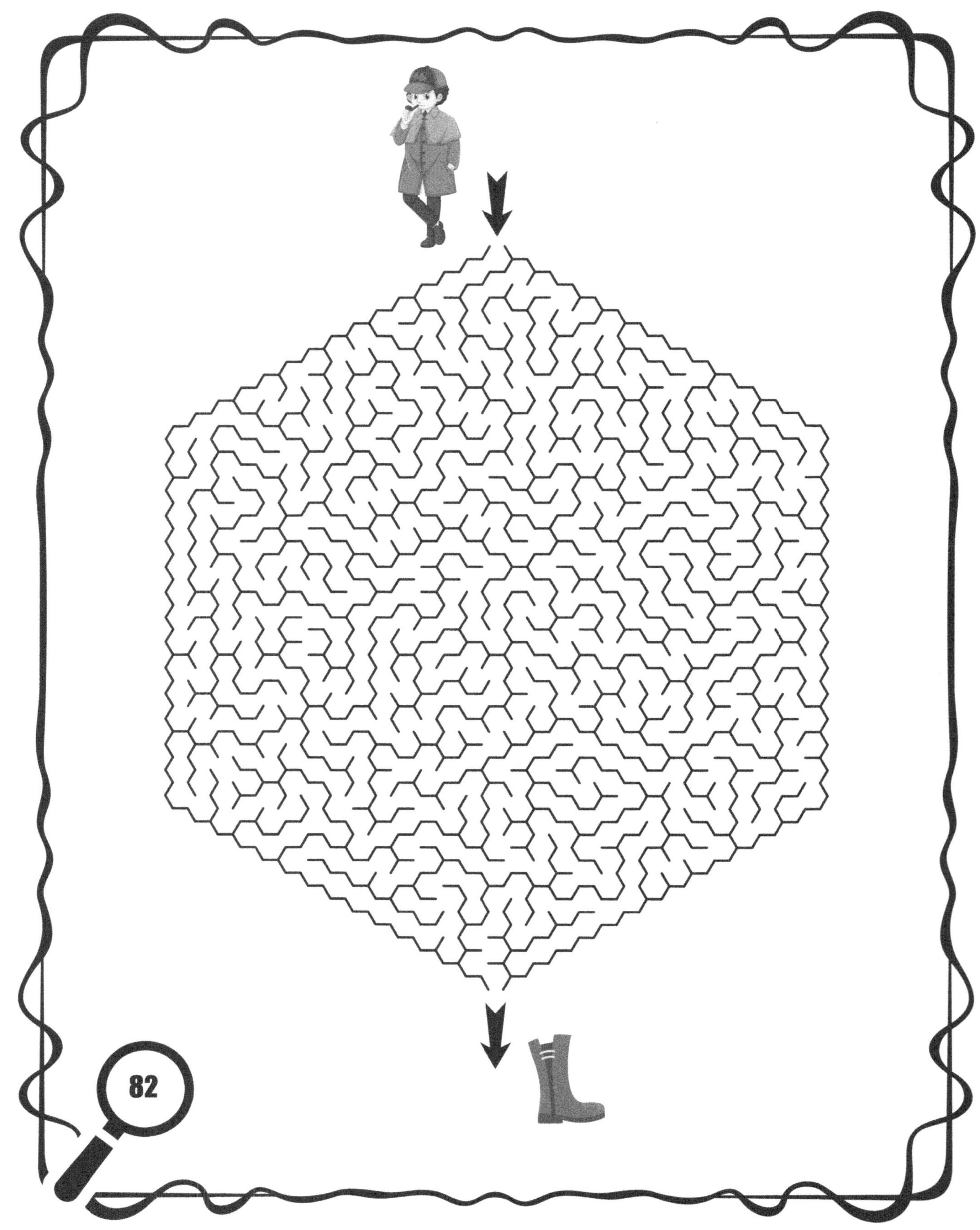

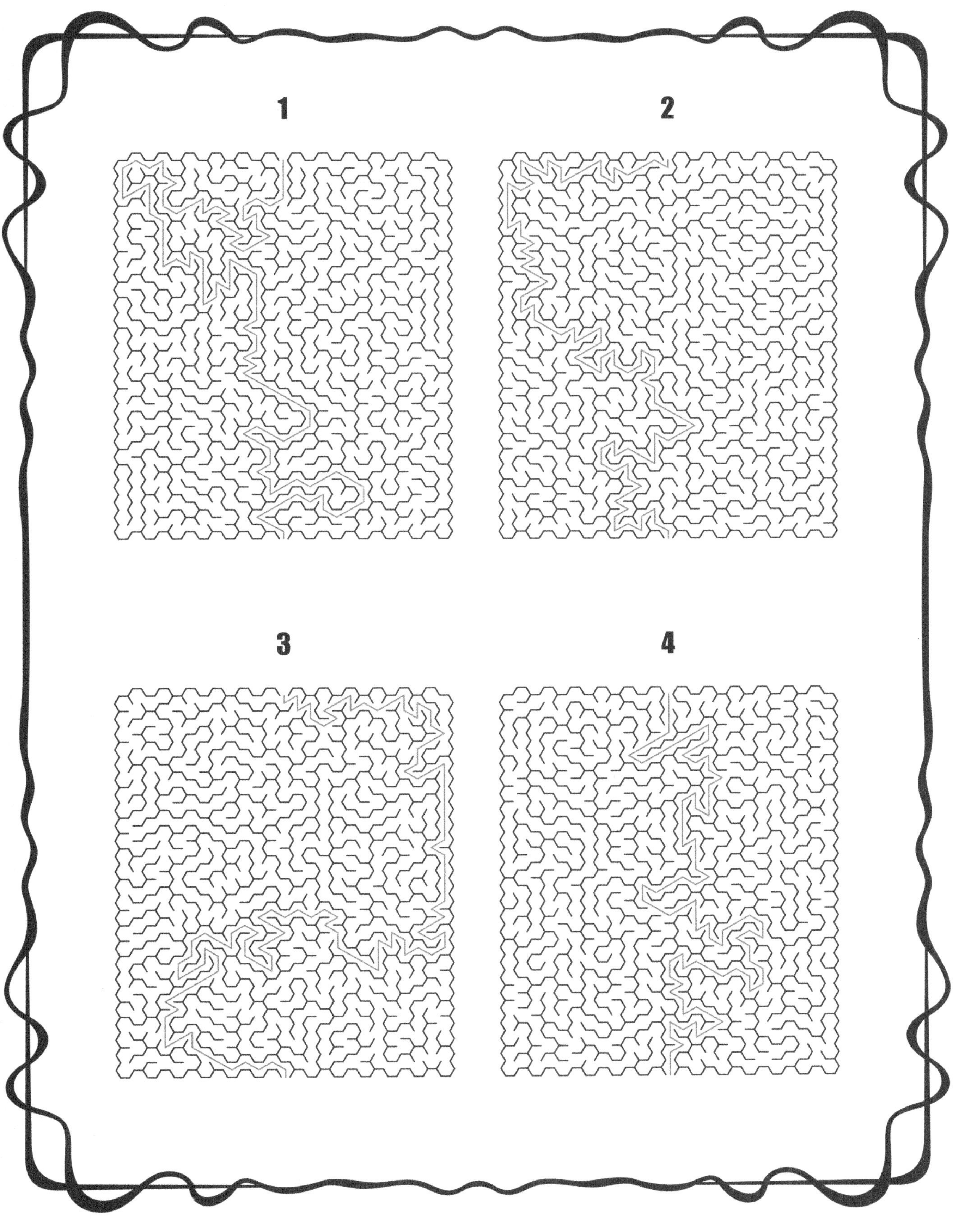

1
2
3
4

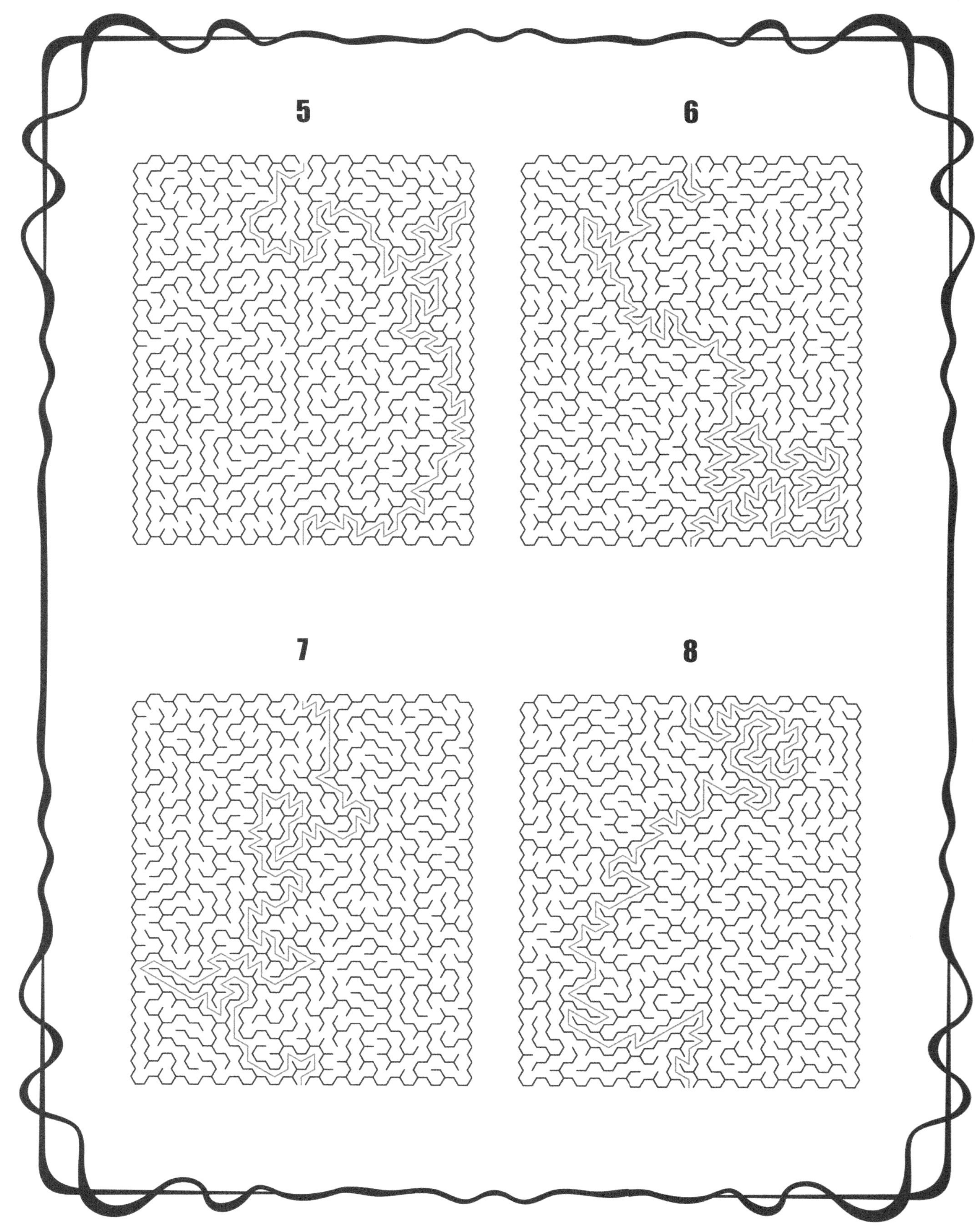
5
6
7
8

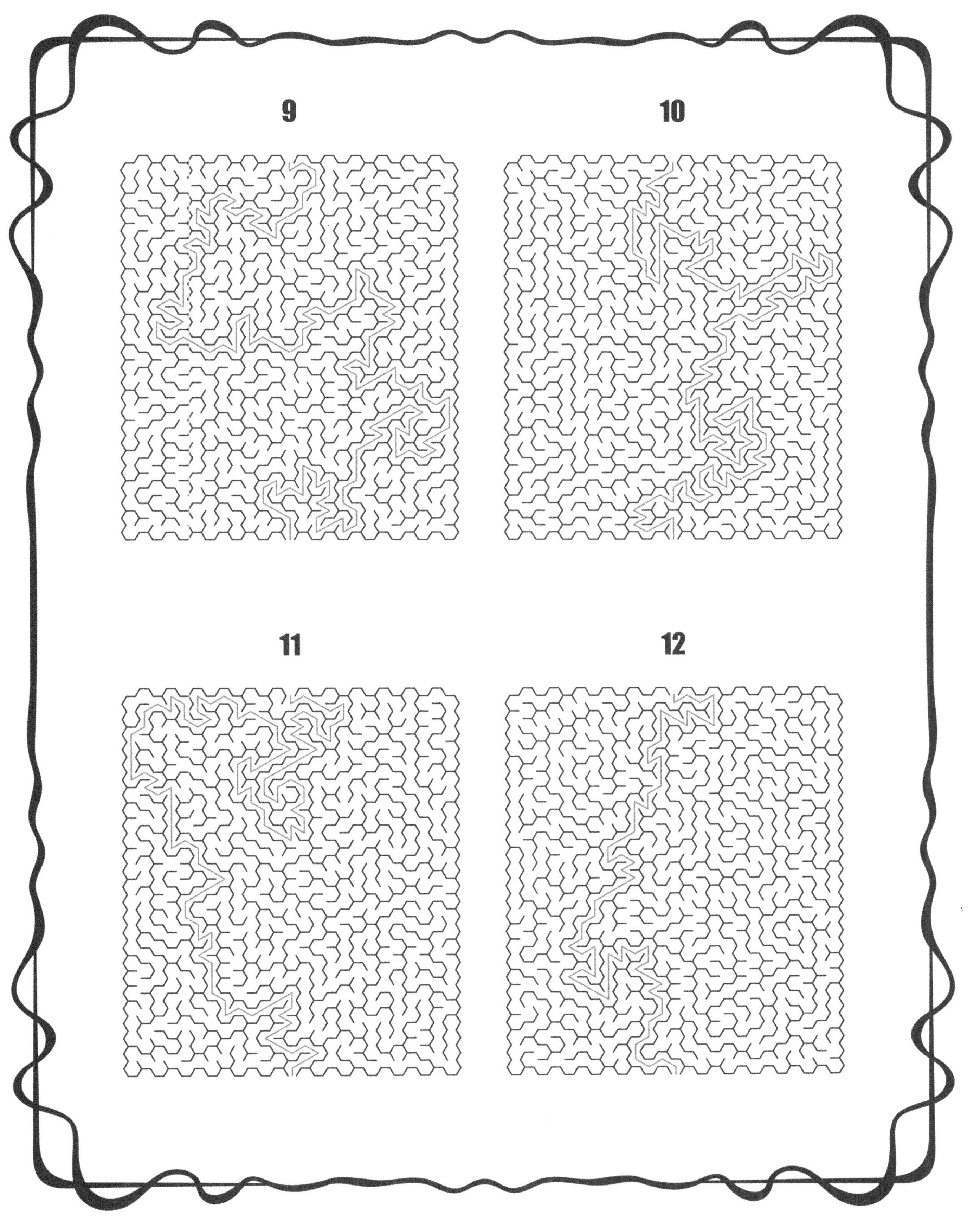

9
10
11
12

13

14

15

16

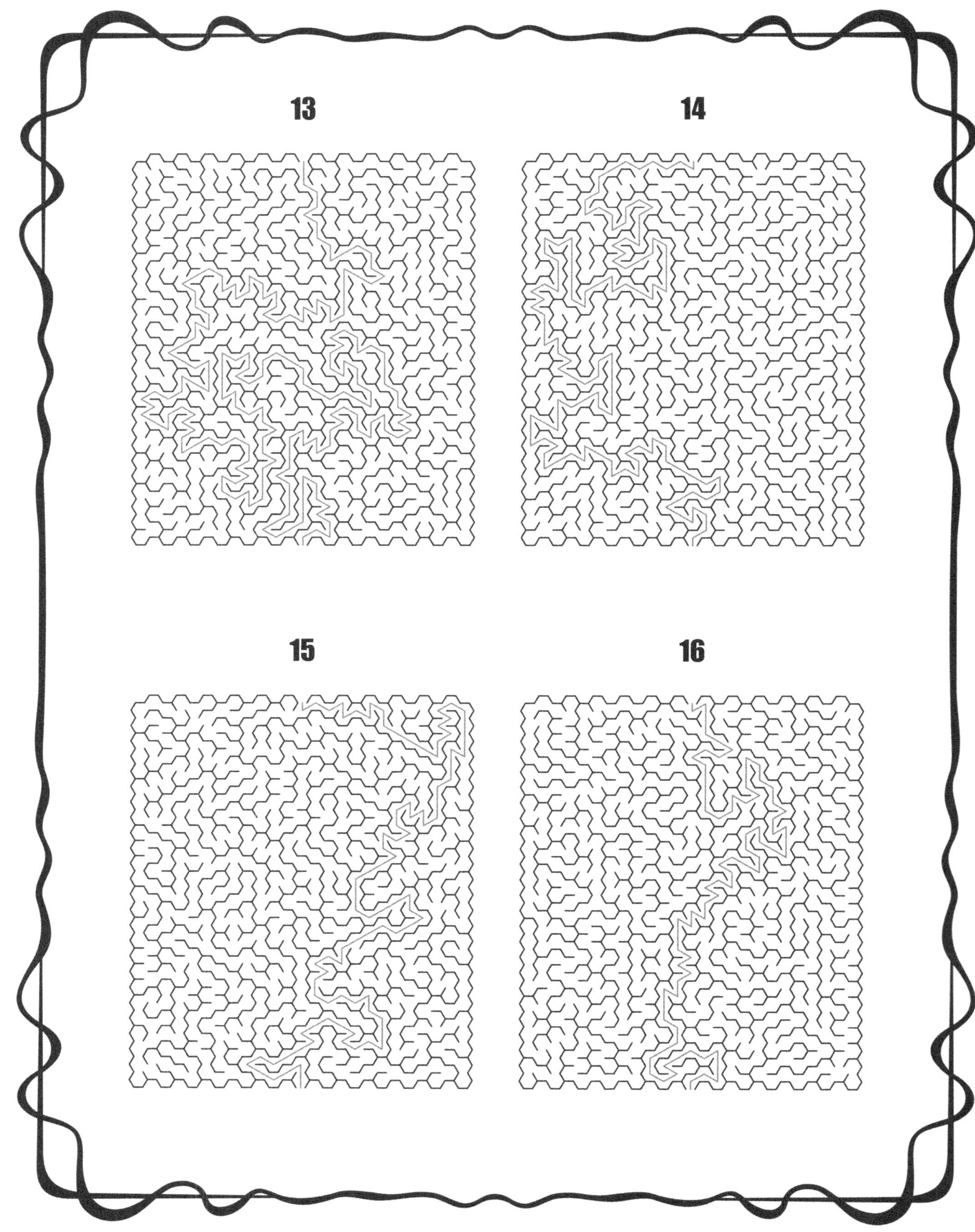

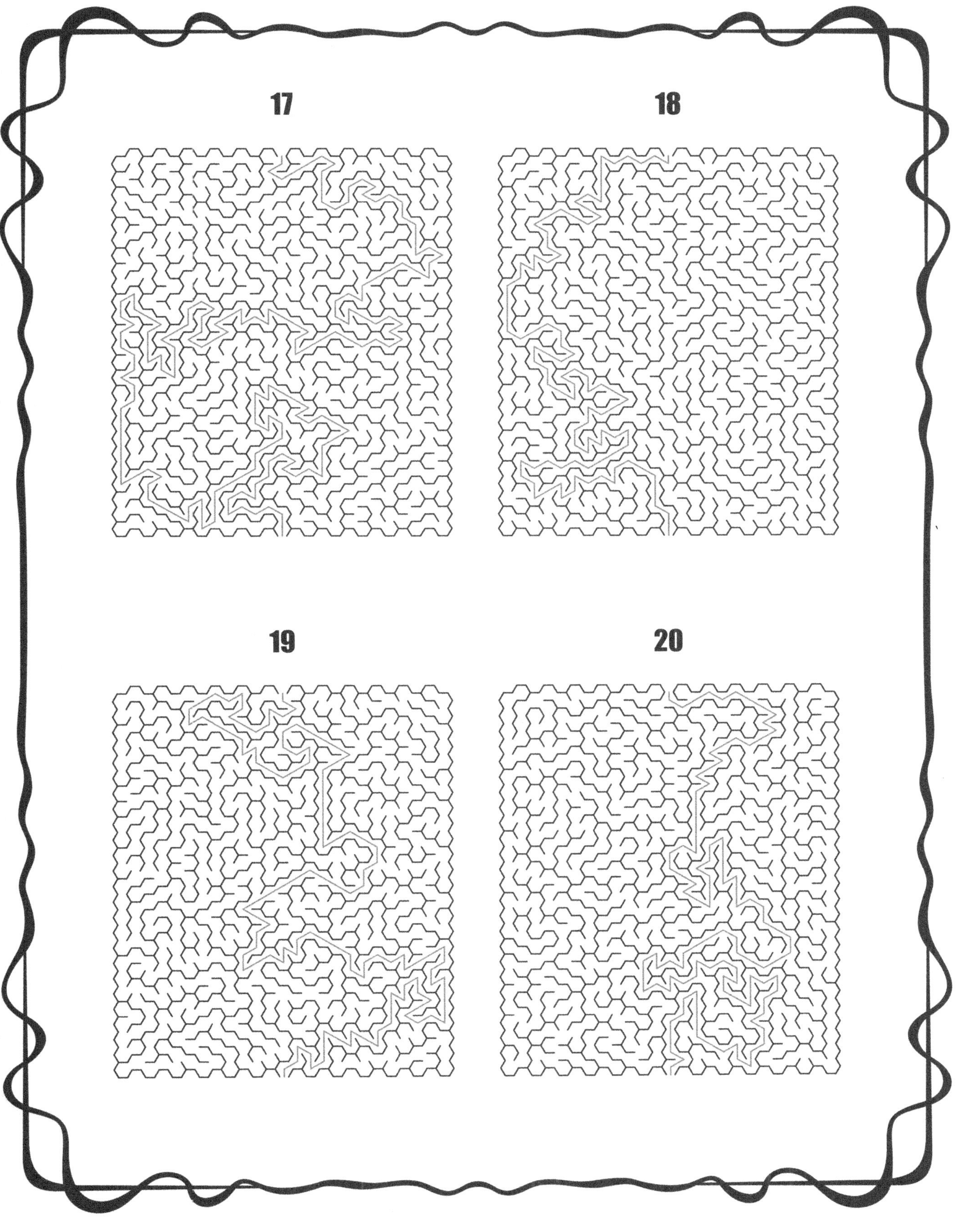

17
18
19
20

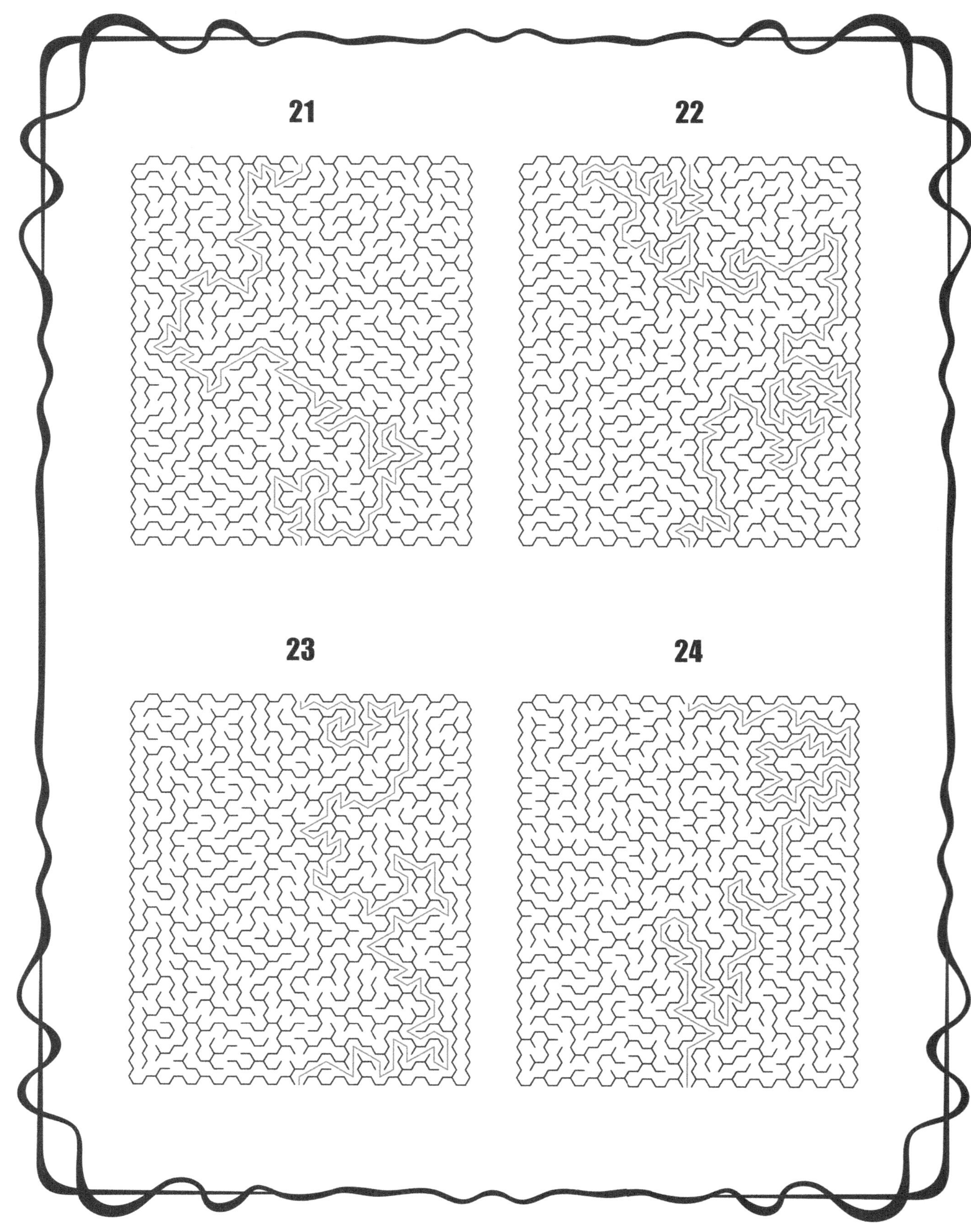
21
22
23
24

25

26

27

28

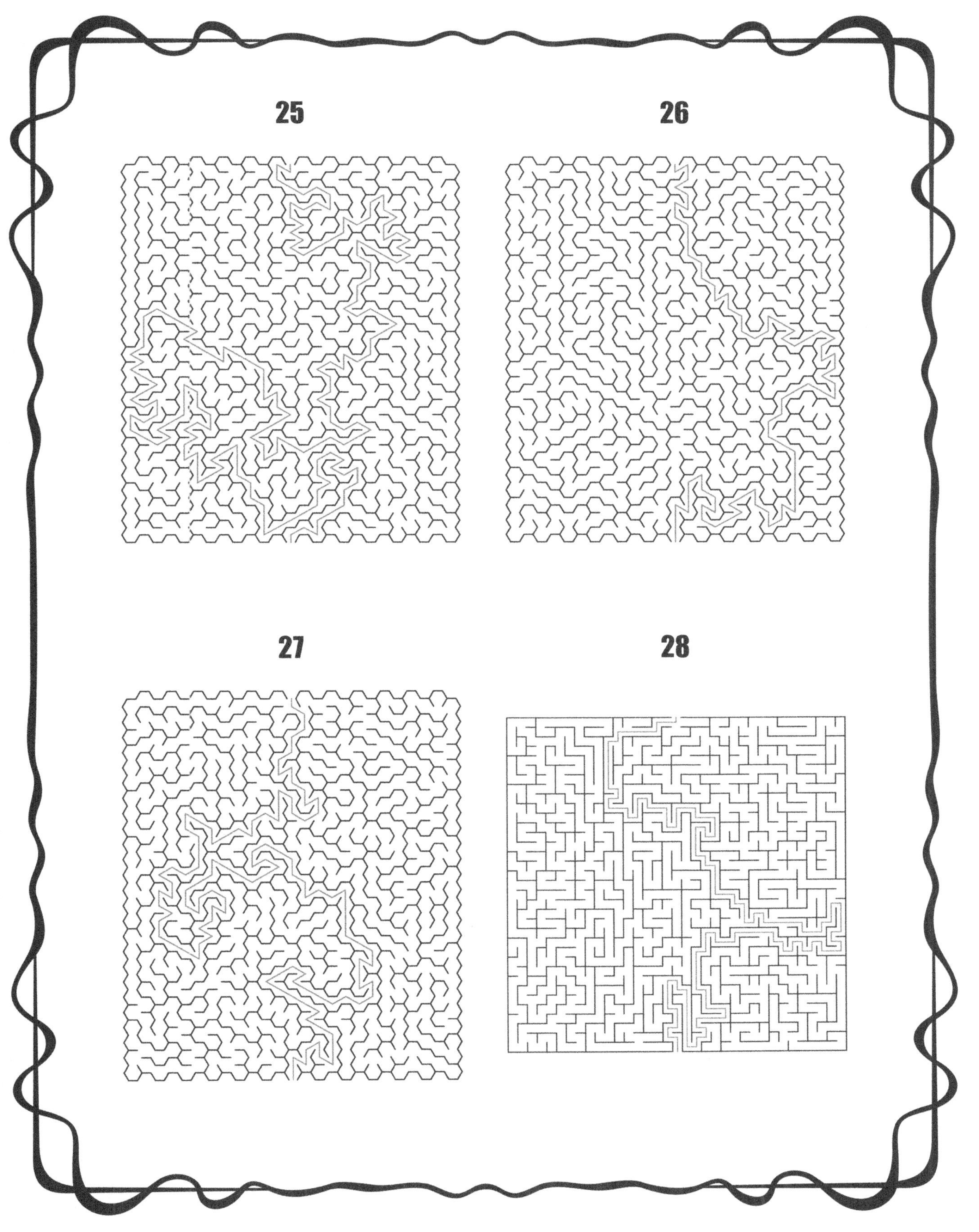

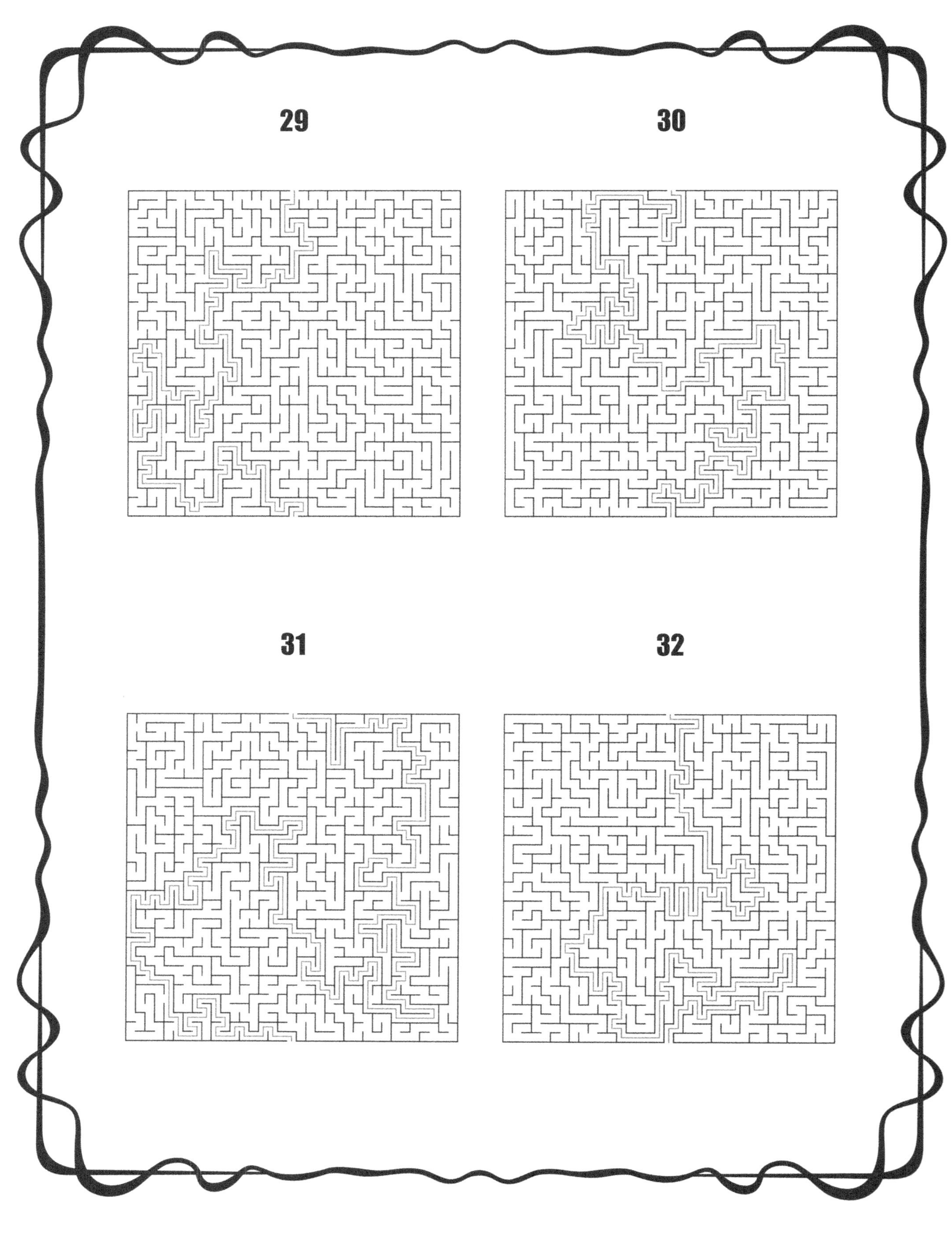

29
30
31
32

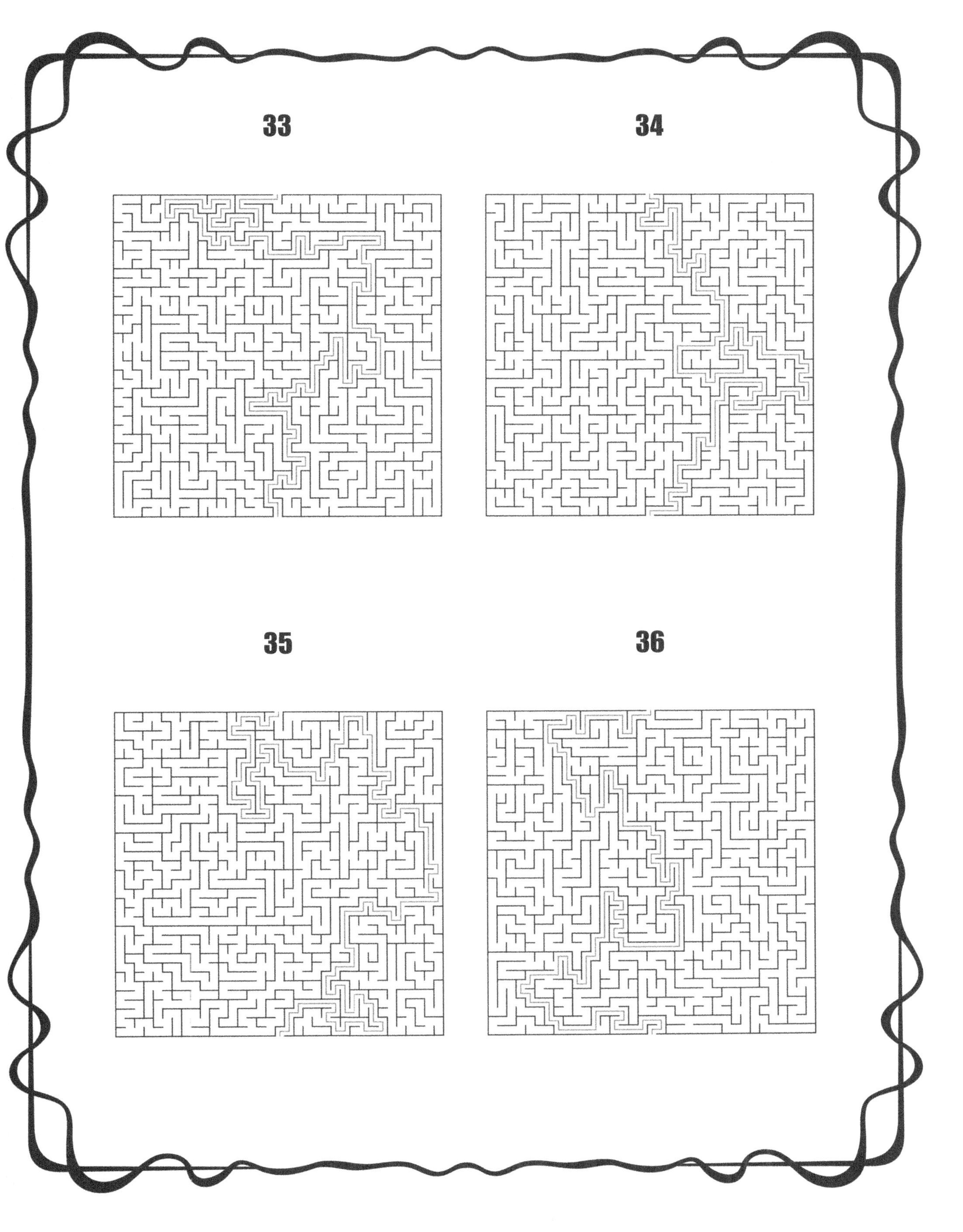

33
34
35
36

37

38

39

40

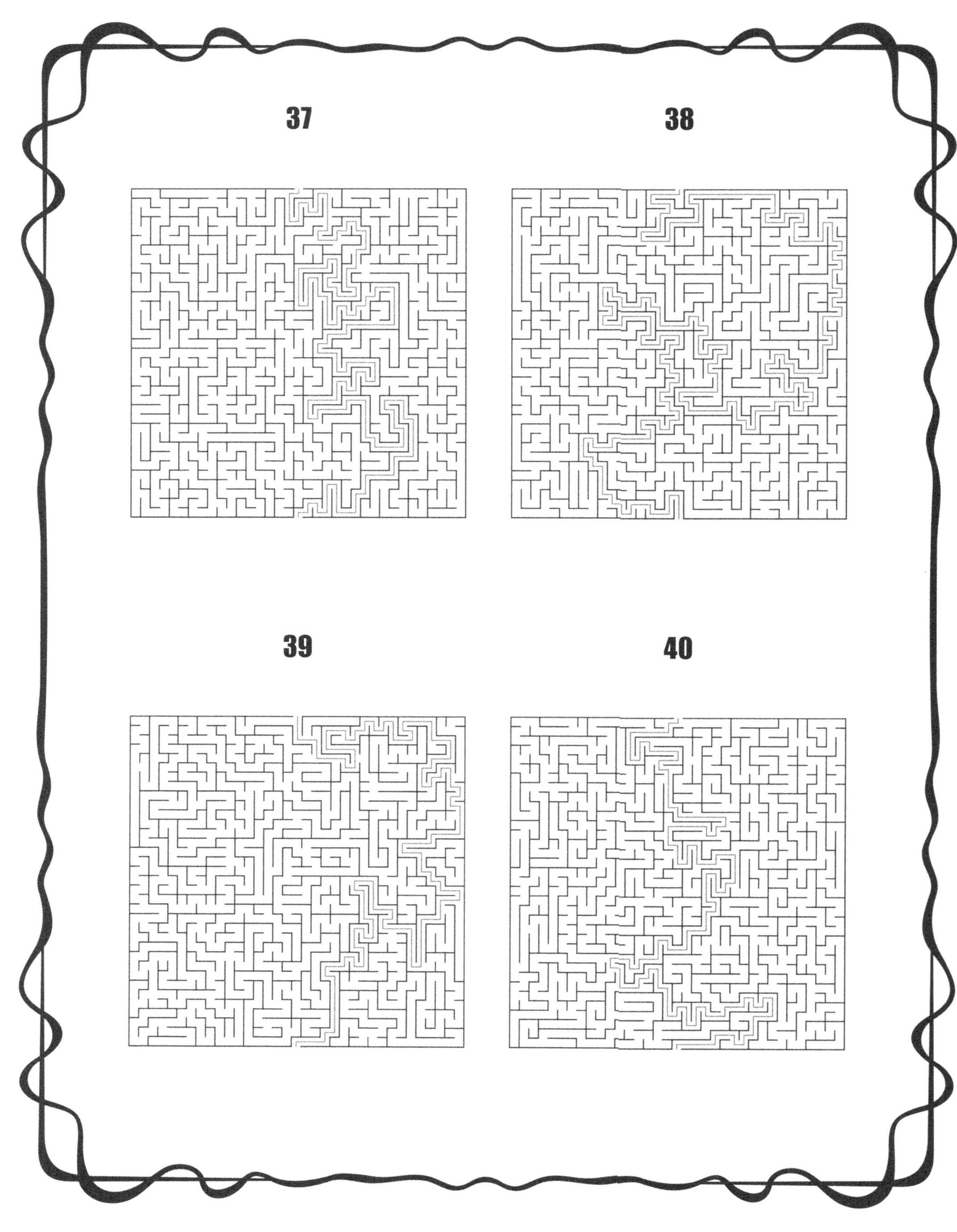

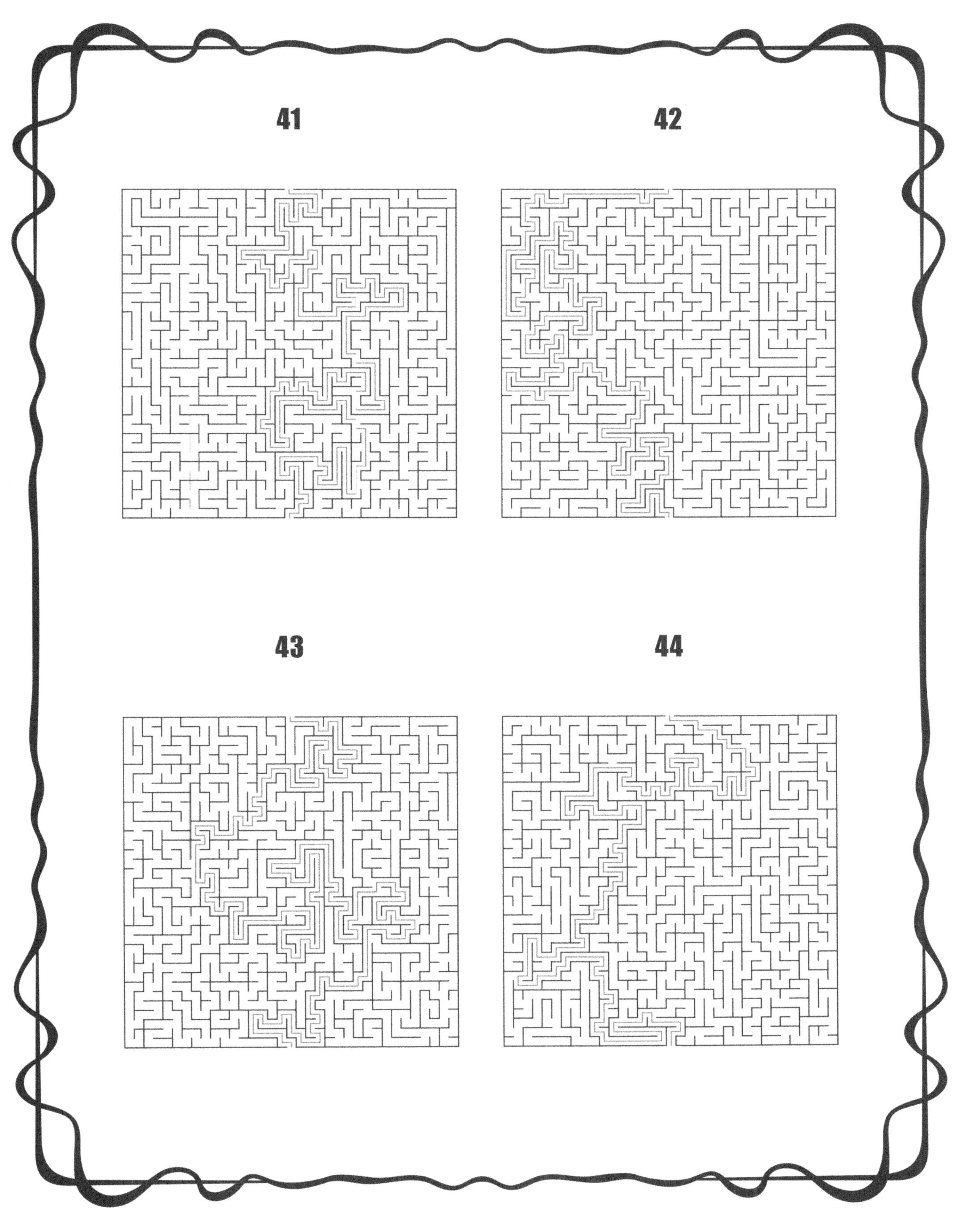

41
42
43
44

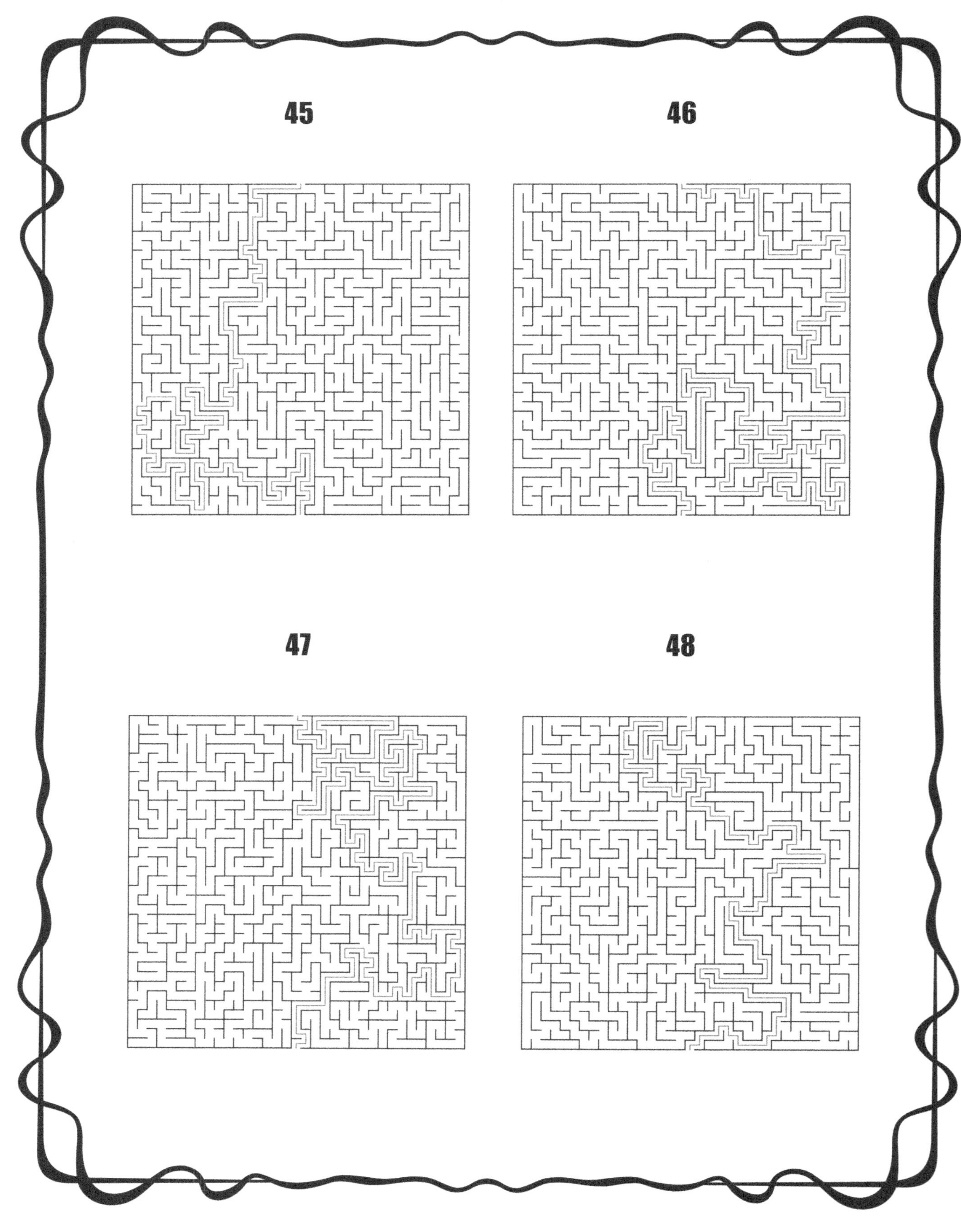
45
46
47
48

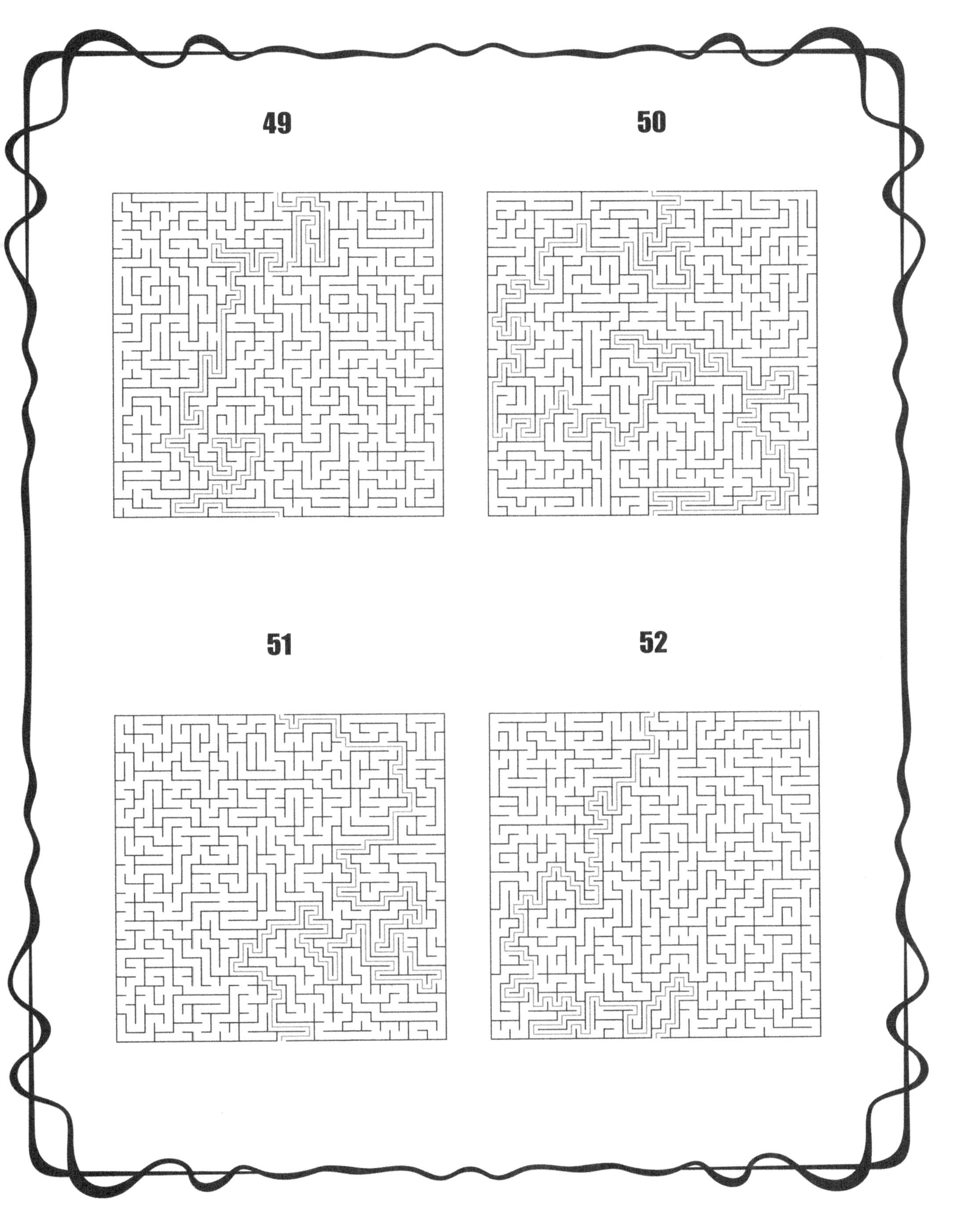

49

50

51

52

53

54

55

56

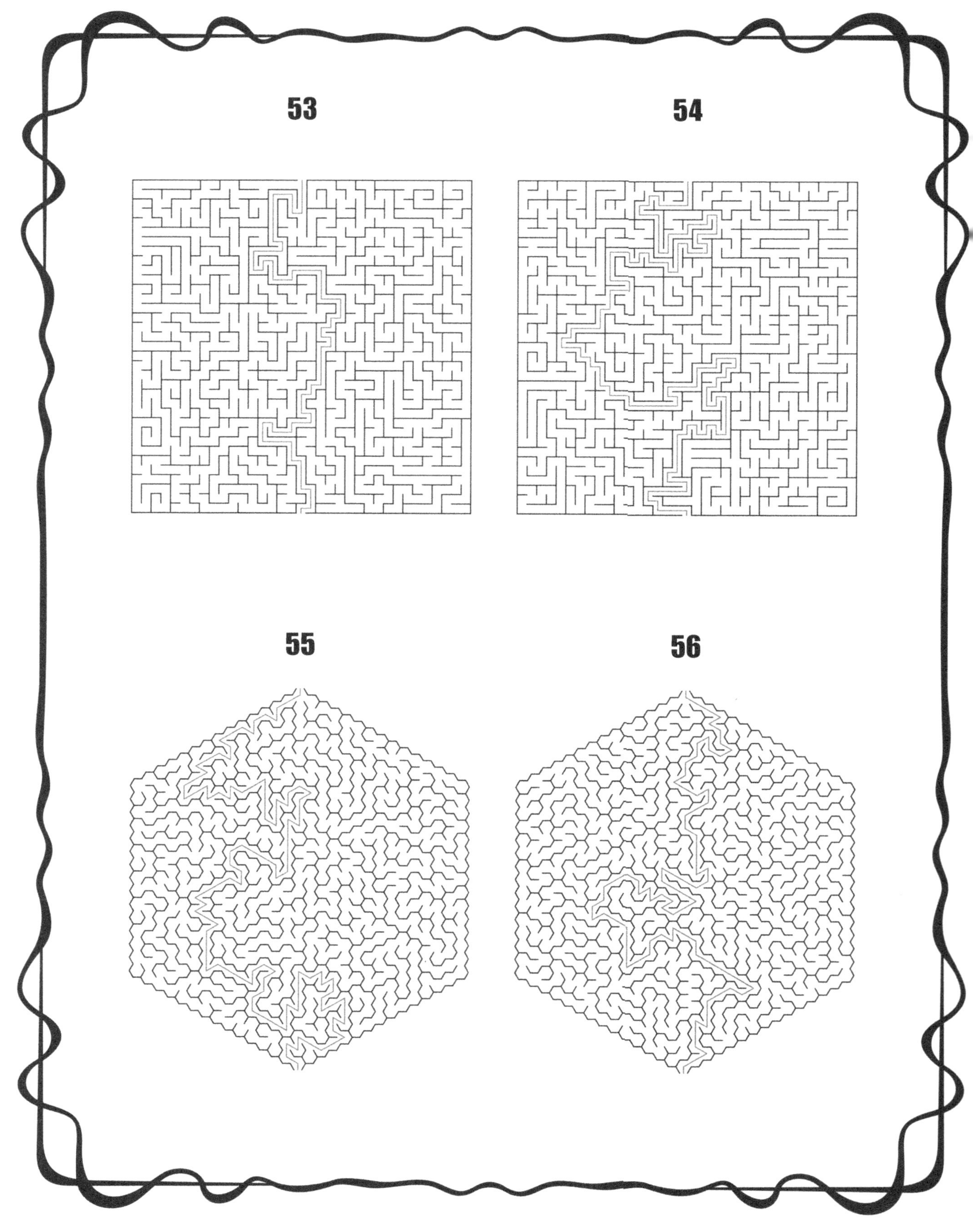

57

58

59

60

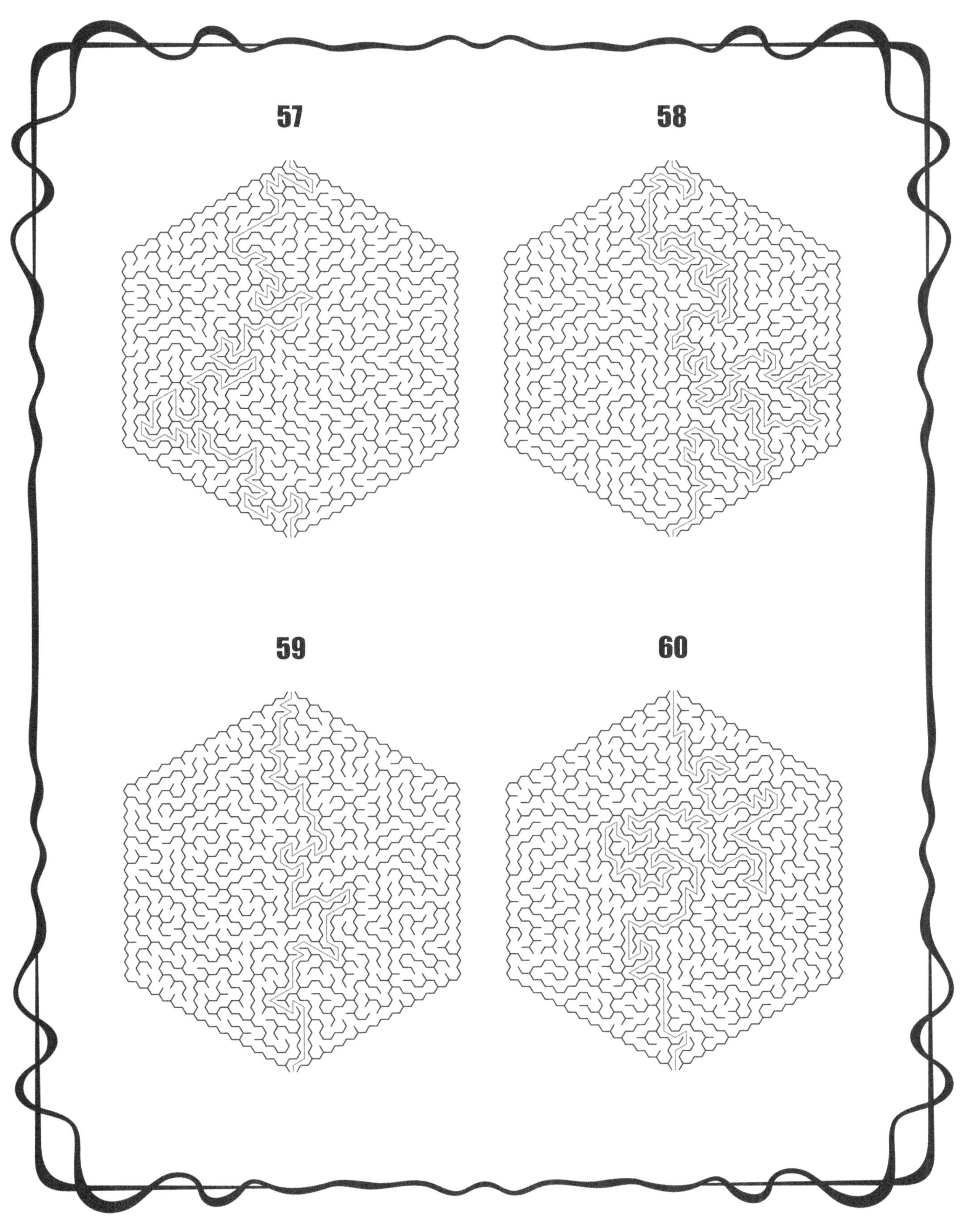

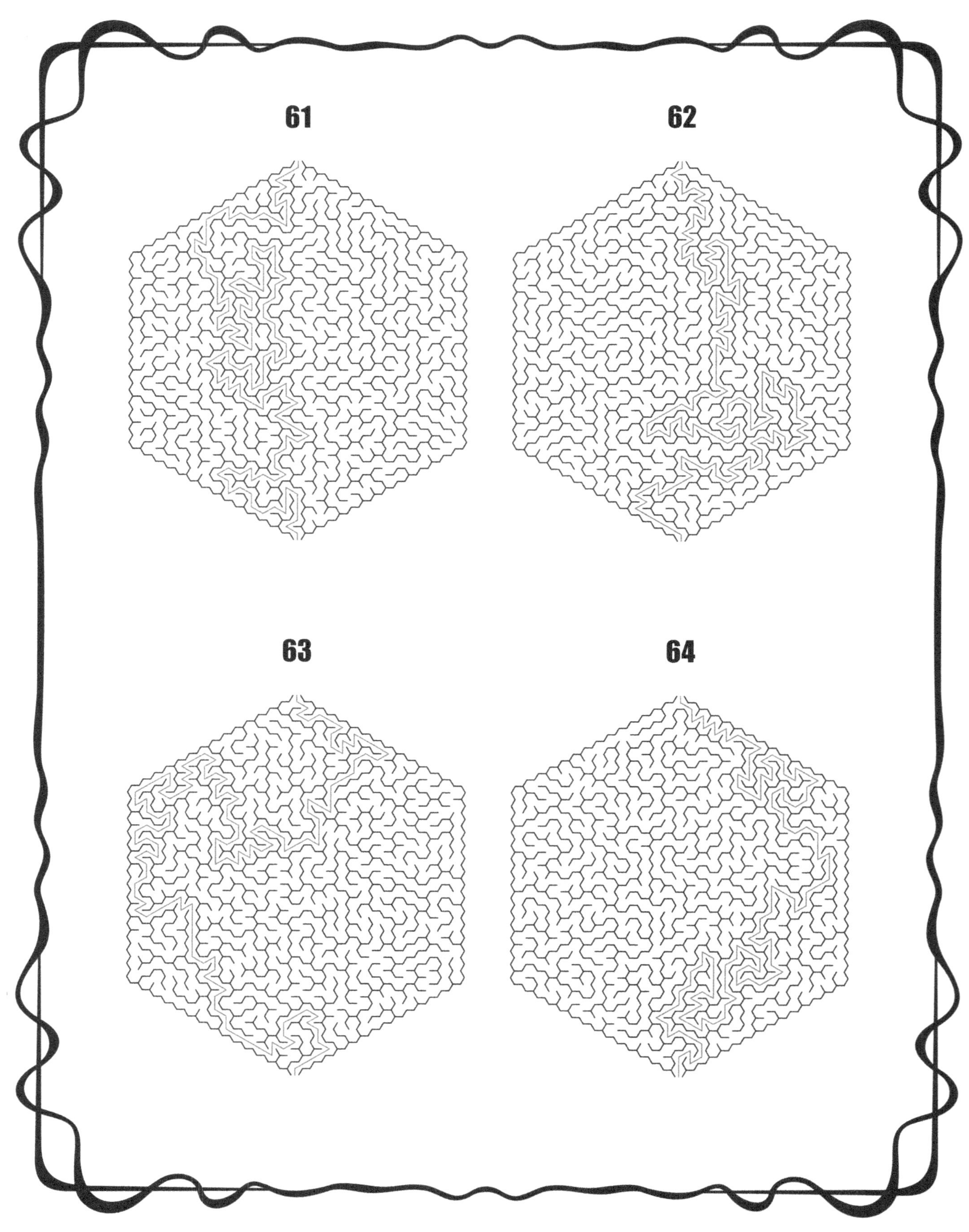

61
62
63
64

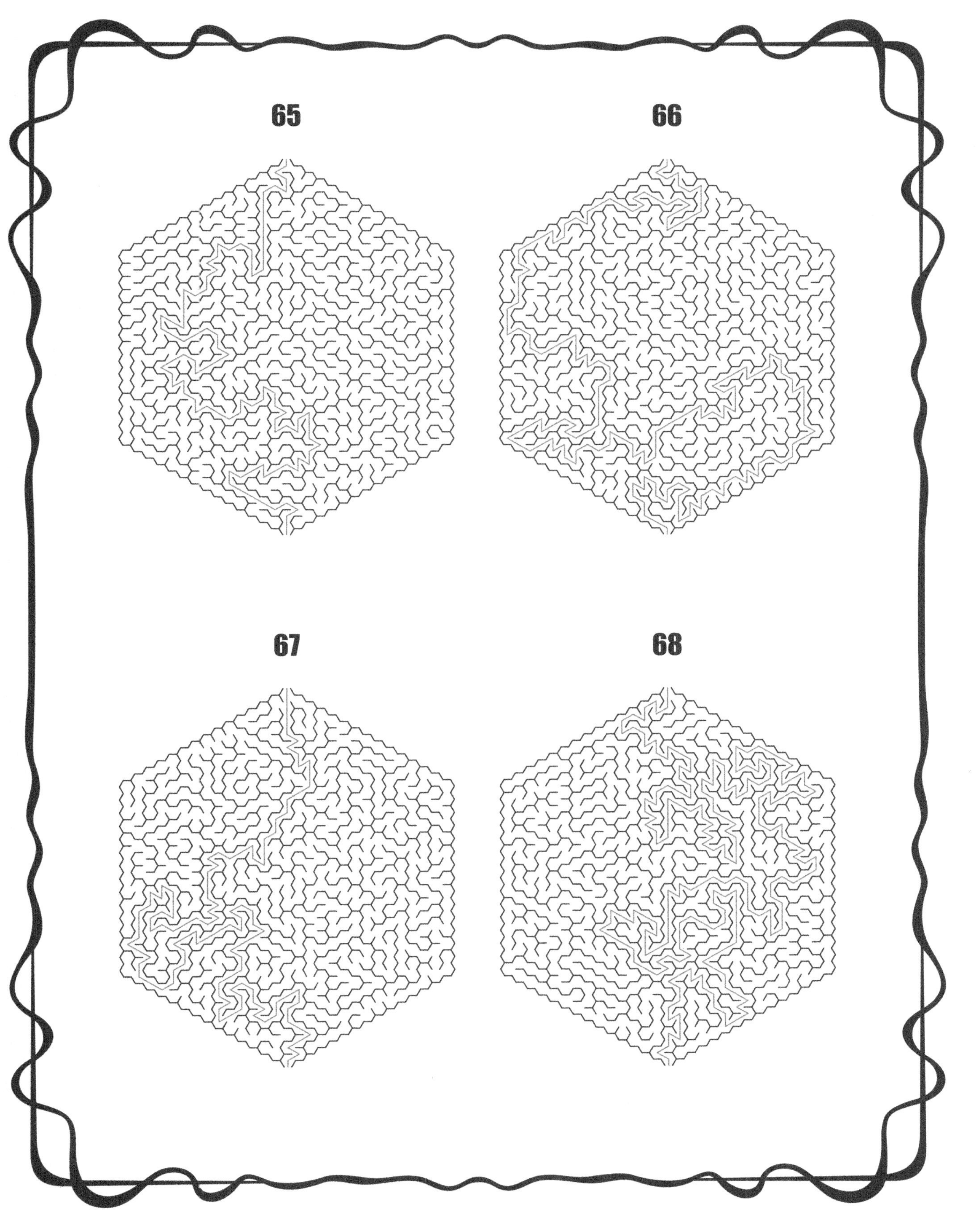
65
66
67
68

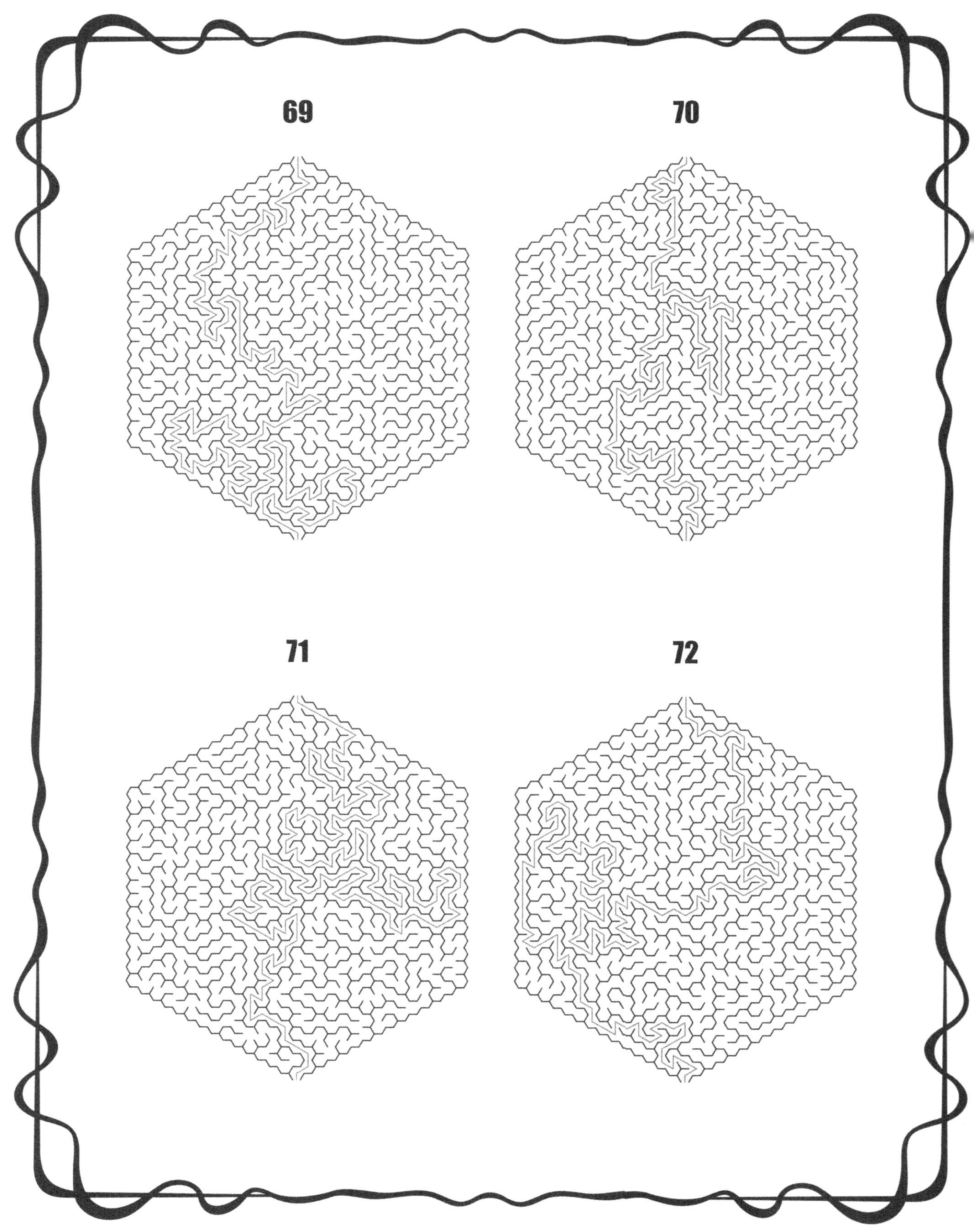

69
70
71
72

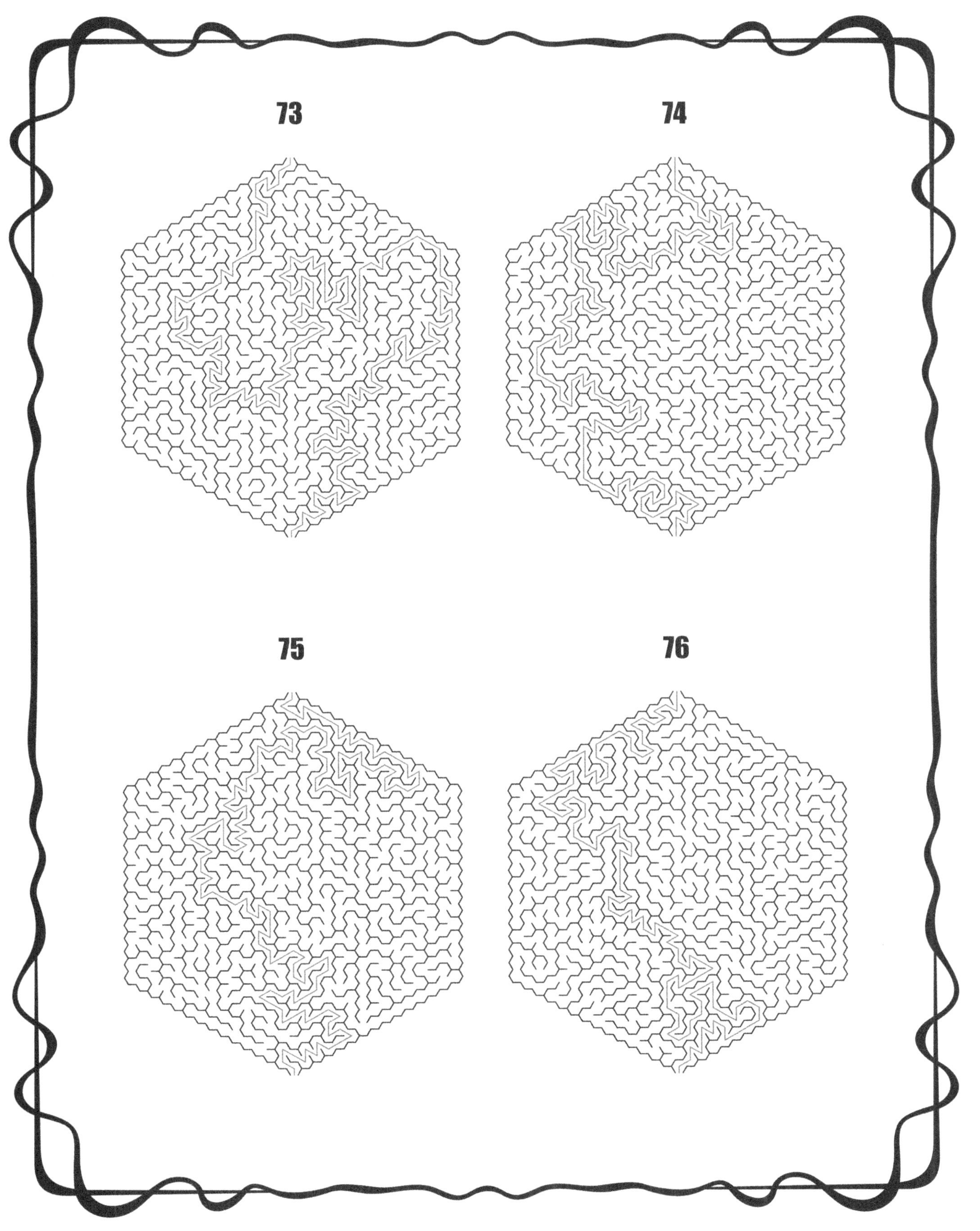

73
74
75
76

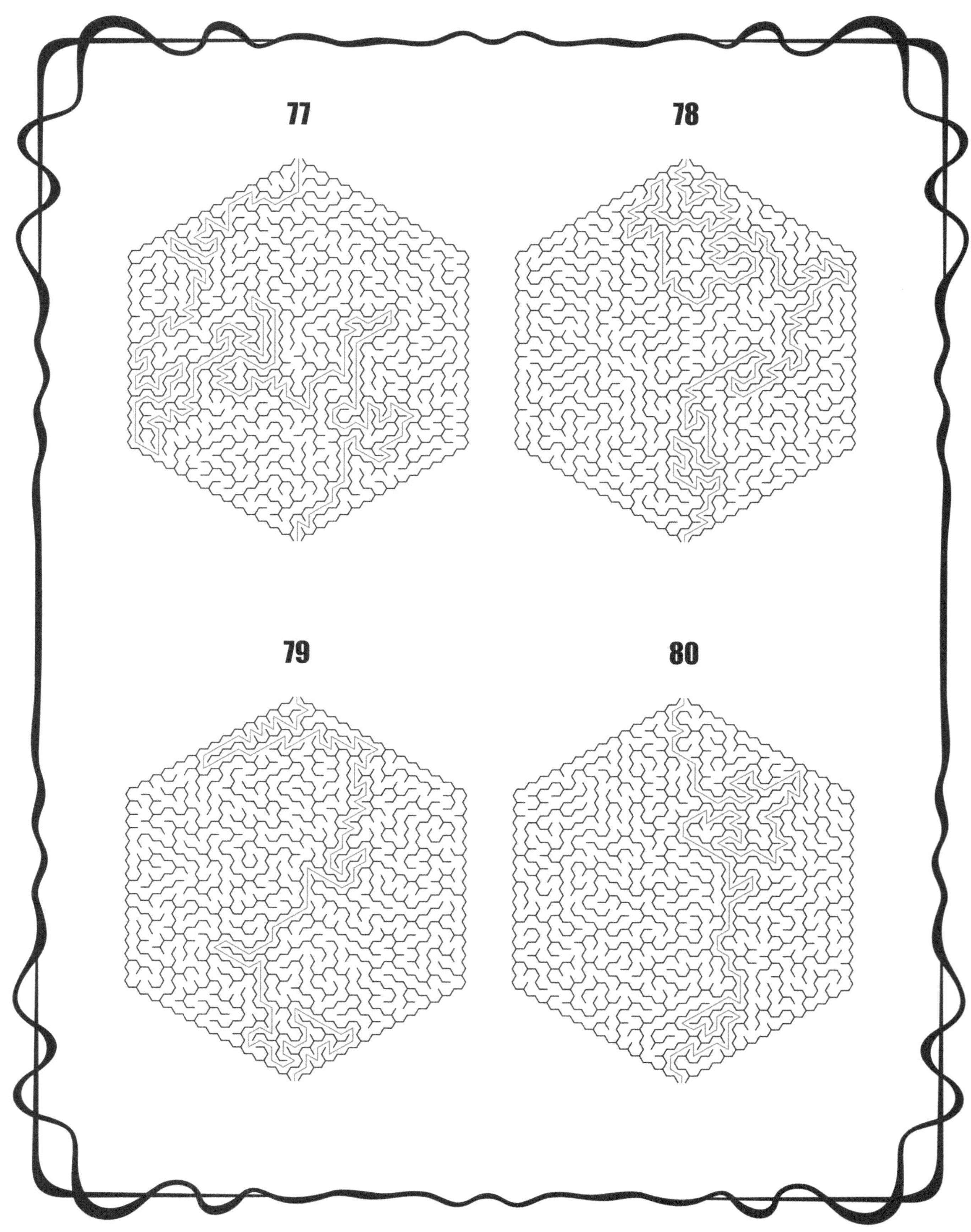

77
78
79
80

81

82

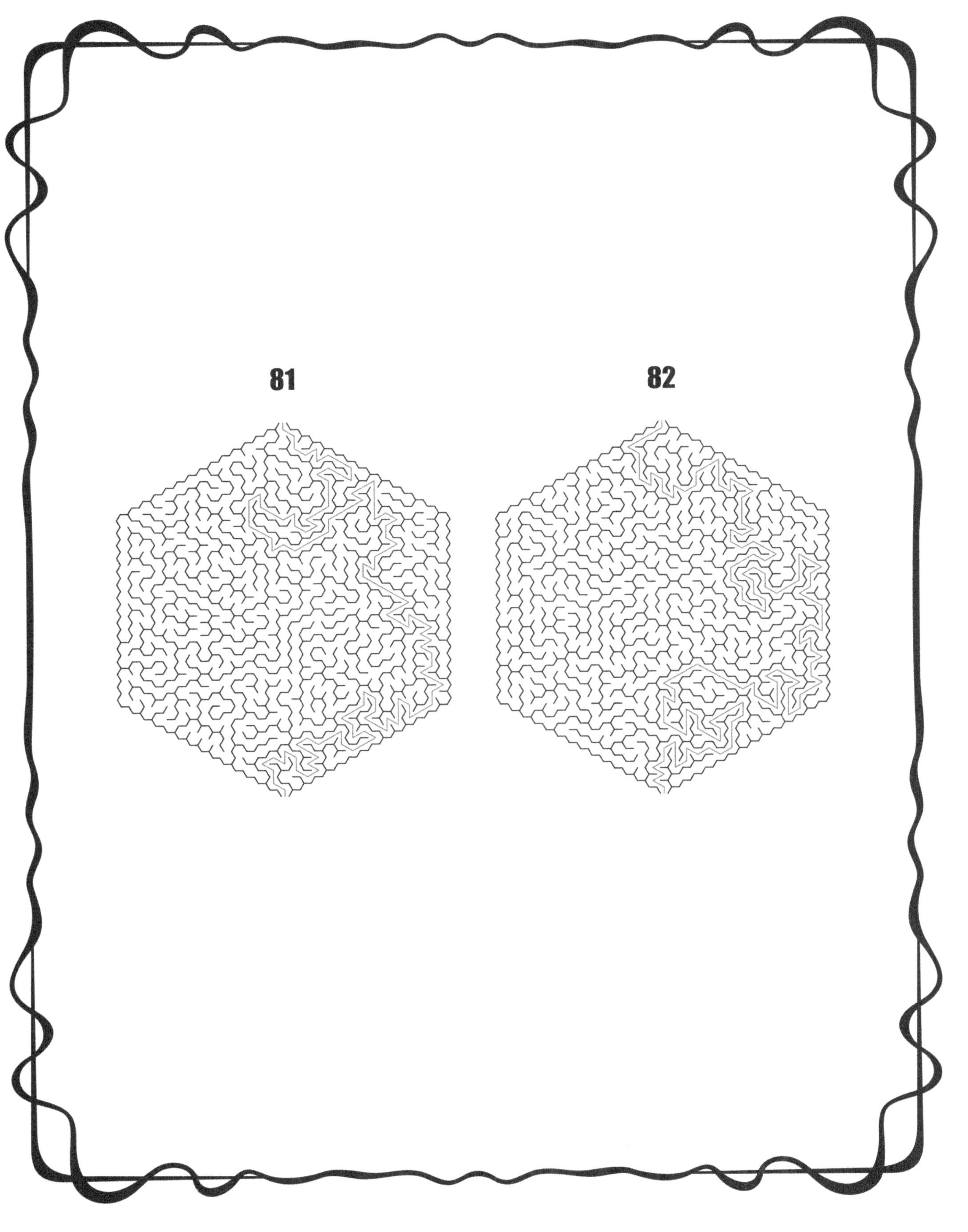

Made in the USA
Monee, IL
07 July 2026